Andrea Weisbrod

Madame de Pompadour und die Macht der Inszenierung

Andrea Weisbrod

Madame de Pompadour

und die Macht der Inszenierung

AvivA

Meinen wunderbaren, klugen, freien Töchtern

Lasst euch von niemandem weismachen,
dass euch ein Lebensweg
aufgrund eures Geschlechts vorbestimmt sei.

Inhalt

Vorwort

Madame de Pompadour lebte 19 Jahre lang als offizielle Mätresse des französischen Königs Ludwig XV. in Versailles. Sie war in die Politik Frankreichs weitreichend involviert. Als Mäzenin bestimmte sie die wichtigsten künstlerischen und philosophischen Strömungen ihrer Zeit. Ihre Machtstellung am französischen Hof sicherte sie durch eine klar definierte Image-Strategie ab. Porträts, die sie bei den führenden Künstler.innen ihrer Zeit in Auftrag gab, ihre fast 5000 Titel umfassende Bibliothek, Bauwerke wie ihr Schloss Bellevue oder die Inneneinrichtung ihrer wechselnden Räume in Versailles gaben ihr die Möglichkeit, sich als aufgeklärte Politikerin und eigentliche Drahtzieherin hinter den wichtigen Entscheidungen des französischen Hofes darzustellen.

Die zum 300. Geburtstag Madame de Pompadours erschienene 2. Auflage des vorliegenden Bandes gibt Gelegenheit, die Bildquellen zur Biografie dieser berühmten Frau erneut zu betrachten: Die zehn Porträts der Mätresse, die während ihres Lebens am Königshof von 1745 bis zu ihrem Tod 1764 entstanden sind, geben neben einer ungebrochenen ästhetischen Erfahrung auch einen guten Einblick in ihr Selbstverständnis und ihre ausgefeilten Inszenierungsstrategien. Zahlreiche Briefe der Vielschreiberin, Tagebucheinträge französischer Höflinge sowie die detaillierten Berichte ausländischer Diplomaten komplettieren dieses Bild. Madame de Pompadour erscheint in all diesen Quellen als hochgebildete Intellektuelle, als große Kunstkennerin und Mäzenin der Avantgarden ihrer Zeit. Ihr weitreichender Einfluss auf den französischen Hof und die französische Politik zeigt sich in diesen Zeitzeugnissen ebenso wie ihre politische Unbestechlichkeit und ihre absolute Loyalität gegenüber dem französischen König Louis XV.

Trotzdem ziehen sich Legenden und Fälschungen wie ein roter Faden durch Madame de Pompadours Biografie, die ein ganz anderes, verzerrtes Bild der Mätresse entwerfen:

Um König Ludwigs Aufmerksamkeit zu erlangen, sei sie am einen Tag gekleidet in eine blaue Robe mit einer rosa Kutsche und am anderen Tag in einer rosa Robe mit einer blauen Kutsche allein durch des Königs liebstes Jagdrevier, den Forst von Sénart, gefahren. Direkt vor der Nase des verblüfften Monarchen, der sie daraufhin sofort habe kennenlernen wollen – so berichtet es die erste Pompadour-Biografie in der zweiten Hälfte des 19. Jahrhunderts.[1]

Diese Legende wiederholt auch das Klischee der Verschwendungssucht des Adels: Für Frankreichs horrende Staatsverschuldung sei einzig und allein Madame de Pompadour verantwortlich. Unsummen habe sie für Kunst, Architektur, Kleider, oberflächliche Vergnügungen, Theaterspiel und Feste verprasst. Den inkompetentesten Höflingen hätte sie die wichtigsten Staatsämter verschafft und damit Frankreich großen Schaden zugefügt.

Zu den Verunglimpfungen der Mätresse gehört auch die Infragestellung ihrer Entscheidungskompetenz: Die kleinste, durchsichtigste Schmeichelei habe genügt, um die eitle Mätresse auf die Seite eines Günstlings zu ziehen. In ihrer Gefallsucht habe sie sich von einem Geschenk der österreichischen Kaiserin Maria Theresia dazu verleiten lassen, die Interessen Frankreichs zu verraten. Die daraus resultierende Verwicklung Frankreichs in den ruinösen Siebenjährigen Krieg sei allein ihre Schuld. Ludwig XV. habe ihre »Weiberherrschaft« geduldet, ihn, den unfähigsten aller französischen Monarchen, habe sie wie einen Tanzbären an der Nase herum- und natürlich vorgeführt. Skrupellosigkeit, Geld- und Machtgier,

Eitelkeit, Unvernunft, Dummheit, Berechnung, Bestechlichkeit, Illoyalität, Egoismus – die Liste der schlechten Charaktereigenschaften, die man Madame de Pompadour – als »unnatürlich« mächtiger Frau – in solchen Texten vorwarf, ist lang.

Ein wesentlicher Grund für die Verwendung dieser plumpen Fälschungen als angeblich authentischer Quellen bis in die Gegenwart liegt in ihrer verführerischen Homogenität, bieten sie doch meistens einen praktischen »Komplettüberblick«, der scheinbar keine Fragen offen läßt. Das Leben der Pompadour wird in solchen Fälschungen oder, wie wir heute sagen würden, Fake News[2] von Anfang bis Ende und bis in letzte intime Verästelungen erzählt. Im Gegensatz dazu finden sich in echten Dokumenten jeweils nur vereinzelte Aspekte zu Madame de Pompadours Stellung als offizieller Mätresse, deren Bedeutung mühsam aus einer Vielzahl verschiedener Quellen rekonstruiert werden muss. Damals wie heute war und ist es nicht immer leicht, Wahrheit von Fälschung zu unterscheiden, bietet doch oftmals die Fälschung wesentlich eingängigere, monokausale Antworten auf vergangene wie gegenwärtige Fragen. Ein Umstand, der zur permanenten Verwendung solcher fragwürdiger, gefälschter Texte in Biografien über Madame de Pompadour vom 19. Jahrhundert bis in die Gegenwart geführt hat.

Natürlich lassen sich auch gefälschte Dokumente als Quellen einer historischen Untersuchung verwenden. Dies aber nur, wenn sie als Fälschungen befragt werden, das heißt, wenn ihre Urheberschaft geklärt und ihre Zielrichtung analysiert wird: Wer hat den angeblich echten Text wirklich geschrieben? Welches Bild wird in einer Fälschung von Madame de Pompadour entworfen und was soll mit der Verbreitung erreicht werden? Nimmt man die gefälschten Schriftstücke als authentische Dokumente, um aus ihnen Fakten über Madame de Pompadours Biografie zu erfahren, sind sie wertlos oder gar fatal, perpetuieren sie doch ein Frauenbild, das es gerade zu überwinden gilt.

Im Jahr 1999 wurde eine umfangreiche Ausgabe mit angeblich von Madame de Pompadour selbst geschriebenen Briefen in deutscher Übersetzung herausgegeben. Dass schon ein kurzer Blick auf den abenteuerlichen Inhalt der Briefe und ihre Einordnung in den Kontext höfischer Umgangsformen im 18. Jahrhundert die Schreiben als Fälschungen entlarvt, hat weder den Herausgeber noch den renommierten Hanser Verlag gestört. Die Briefe wurden als echte, »genaues Wissen« vermittelnde Schriftstücke veröffentlicht und in der deutschen Presse, ja selbst von renommierten Wissenschaftsseiten, als »kluge«, »sensible« Einblicke in Charakter und Leben der Pompadour gefeiert.[3]

In der angesehenen Pompadour-Biografie der französischen Historikerin Danielle Gallet, die noch immer als ein Standardwerk zum Leben der Mätresse gilt, und in einer ebenso häufig zitierten Überblicksdarstellung von Caroline Hanken werden weite Teile des Lebens der königlichen Mätresse auf der Basis der angeblich authentischen Memoiren ihrer Kammerfrau Nicole du Hausset dargestellt, obwohl diese sich bei näherem Hinsehen ebenfalls als Fälschung erweisen.

Der erste Band der 1999 neuaufgelegten, gefälschten Pompadour-Briefe wurde ursprünglich im Jahr 1772, also neun Jahre nach Madame de Pompadours Tod, in französischer Sprache veröffentlicht. Der vermeintliche Herausgeber, François Barbé-Marbois (1745–1837), ein französischer Politiker und Diplomat, hatte die Briefe selbst geschrieben. Mit dem agitatorischen Schmähstück über Madame de Pompadour, das wegen der liberaleren Zensurbestimmungen in London anstatt in Paris veröffentlicht wurde, wollte er sich literarisch und politisch einen Namen machen. Vom großen

Erfolg des ersten Bandes überrascht, schrieb er gleich im Anschluss eine zweite, erweiterte Ausgabe, die ebenfalls in London veröffentlicht wurde und um fingierte Antwortschreiben an die Mätresse ergänzt worden war. Beide Ausgaben wurden, bedienten sie doch ein erwünschtes Stereotyp dekadenter höfischer Macht und verkommener weiblicher Verschwendungssucht, zu Bestsellern. Gekürzt und ungekürzt wurden sie immer wieder aufgelegt und bald von den ersten Pompadour-Biografen als historisch verbürgte Quelle über Madame de Pompadour verwendet.

Die von Barbé-Marbois gefälschten Briefe[4] unterscheiden sich von echten Briefen durch ihre ungewöhnliche Länge, die Themenwahl und die Adressaten: Oft sind die gefälschten Schreiben seitenlang und enthalten ausführliche Beschreibungen von Höflingen und Hofklatsch oder lehrstückartige Anekdoten über die Auswüchse des verdorbenen höfischen Systems. In gänzlich unhöfischer Offenherzigkeit sind die Briefe selbst an bekannte politische Gegner der Mätresse gerichtet – undenkbar in der Realität.

Echte Briefe von Madame de Pompadour sind meistens nur wenige Zeilen lang, was angesichts des durchschnittlichen täglichen Briefpensums der Mätresse von circa 60 Briefen nicht weiter verwundert. Zudem schrieb sie nur an Personen, zu denen sie ein gutes oder freundschaftliches Verhältnis hatte, was in Anbetracht ihres höfischen Umfeldes, in dem schriftlich geäußerte Indiskretion und Illoyalität zum sofortigen Verlust ihrer Stellung geführt hätten, ebenfalls nur folgerichtig erscheint.

Die Memoiren der Nicole du Hausset (1720–1780), die zeitlebens die Stelle der ersten Kammerfrau Madame de Pompadours innehatte, wurden erst 28 Jahre nach dem Tod der angeblichen Verfasserin, im Jahr 1808, von Quentin

Craufurd, einem britischen Kunstsammler und Schriftsteller, herausgegeben.[5]

Die Memoiren der Kammerfrau hätten sich ursprünglich im Besitz von Madame de Pompadours Bruder, Abel-François befunden, der sie habe verbrennen wollen – so die von Craufurd selbst kolportierte Entstehungsgeschichte, die sich nebenbei gängiger Topoi der Anthologienliteratur bedient. Zufällig sei er, der künftige Herausgeber, Quentin Craufurd, persönlich anwesend gewesen und habe Madame de Pompadours Bruder das Manuskript entreißen können. Erst Jahrzehnte später habe er sich zu einer Veröffentlichung entschließen können.

Die Memoiren der Kammerfrau enthalten viele Ungenauigkeiten und Fehler in Bezug auf die erwähnten Zeitpunkte und Orte. Ein bemerkenswerter Umstand, für den die Biografin Danielle Gallet in ihrer Biografie *Madame de Pompadour ou le pouvoir féminin* im Jahr 1985, anstatt davon auszugehen, dass Quentin Craufurd als Schriftsteller die Memoiren fingiert haben könnte, schließlich folgende Erklärung finden wird: Bei den Memoiren habe es sich tatsächlich nicht um von Nicole du Hausset selbst geschriebene Aufzeichnungen, sondern um den mündlichen Bericht der hochbetagten und schon leicht verwirrten Kammerfrau gehandelt, der von einer anderen Person aufgeschrieben worden sei. Die Aufzeichnung sei höchst wahrheitsliebend und genau erfolgt, was sich schon am Fehlen von Stil und Geist der Memoiren ablesen ließe – dass es genau solche Stilmittel sind, mit denen in der Literatur des frühen 19. Jahrhunderts Glaubwürdigkeit mündlicher Überlieferung erzeugt wird,[6] entging der Wissenschaftlerin.

Neben der bizarren Entstehungsgeschichte des Textes und seiner zahlreichen Ungereimtheiten gibt es weitere Belege, die in Richtung einer Fälschung oder zumindest literarischer

Fiktion weisen. Nicole du Hausset gehörte keineswegs zu den engen Vertrauten der Mätresse. Madame de Pompadour erwähnte sie in ihrem umfangreichen Testament, im Gegensatz zu anderen Angestellten ihres Haushalts, weder namentlich noch vererbte sie ihr etwas, beispielsweise ein besonderes Schmuckstück oder Geld, um sie für ihre Dienste zu belohnen. Es ist folglich wenig glaubwürdig, dass diese Kammerfrau zu Treffen mit engen Freundinnen eigens hinzugebeten worden sei, um Zeugin der intimsten Geständnisse, Ängste und Hoffnungen der Mätresse werden zu können. Dass sich Madame de Pompadour in Anwesenheit der Kammerfrau über die »erkaltende Leidenschaft« des Königs und ihre Rezepte, um ihre eigene sexuelle Lust erneut zu stimulieren, geäußert hätte, ist ausgeschlossen. Madame de Pompadours Korrespondenz belegt ihre außerordentliche Vorsicht im Umgang mit persönlichen Belangen selbst im Kontakt mit engen Vertrauten. Höflinge, die von Privataudienzen mit der Mätresse berichten, trafen sie immer allein. Ihrem jüngeren Bruder erläuterte sie in mehreren Briefen ausdrücklich die Notwendigkeit absoluter Diskretion und Zurückhaltung in höfischen Zusammenhängen.

Bei den Briefen und den Memoiren lassen sich einige Muster aufzeigen, die sich oft bei Fälschungen finden: Sie sind posthum erschienen, haben eine abenteuerliche Entstehungsgeschichte und geben Verlagsorte mit liberalen Zensurbestimmungen an. Beide Texte liefern eine überbordende Vielzahl an Informationen zum Leben und Denken der Mätresse und sind gleichzeitig Lehrstücke über das Fehlverhalten der Adligen der höfischen Welt. Sie sind keine historisch belastbare Quelle zu Madame de Pompadours Biografie, sondern belegen eine Form der Hofkritik, wie man sie mit dem Erstarken der bürgerlichen Welt und ihres veränderten Wertekanons seit dem ausgehenden 18. Jahrhundert vermehrt findet. Die gefälschten Texte haben eine klare Zielrichtung: Mit ihnen sollte Madame de Pompadours Machtstellung am französischen Hof destabilisiert oder ihre Bedeutung in der höfischen Gesellschaft nachträglich diskreditiert werden.

Manche wurden aus purer Rachsucht verfasst. So hatte der preußische König Friedrich II. zunächst versucht, die Mätresse vermittelt durch seine Gesandten durch Bestechung für seine politischen Belange zu gewinnen. Als ihm seine wechselnden Diplomaten in Versailles jedoch berichteten, Madame de Pompadour sei absolut unbestechlich, verfasste der erboste König in ihrem Namen einen schmeichlerischen »Dankesbrief« an Kaiserin Maria Theresia, der die Mätresse als dumm, eitel und politisch vollkommen inkompetent erscheinen ließ.[7]

Mit dem negativen Bild Madame de Pompadours wurde in den Fälschungen auch der »schwache, unfähige« König und mit ihm die Missstände des absolutistischen Systems angegriffen: Die höfische Gesellschaft erscheint in den gefälschten Dokumenten als ein maroder, unnatürlicher Ort zynischer Menschenverachtung, obszöner Verschwendung, rücksichtsloser Machtgier und Künstlichkeit, in dem Frauen eine unnatürliche »Weiberherrschaft« ausüben. Das verzerrte Bild, das solche Schriften von Madame de Pompadour entwerfen, entspricht in nichts der Art ihrer Stellung, ihrer Bildung und ihrer politischen Kompetenz, wie sie sich in ihren echten Briefen, den Berichten ausländischer Diplomaten oder den in diesem Band behandelten Porträts entfalten.

Diese zeigen die Mätresse als umfassend gebildete, einflussreiche Politikerin, die am französischen Hof quasi die Stelle eines Premierministers einnahm und in kultureller Hinsicht den wichtigsten Künstler.innen und den Philosophen der Aufklärung zum Durchbruch verhalf.

Anmerkungen:

Anm. 1: Goncourt, Jules und Edmond de: Madame de Pompadour, Paris, 1881
Anm. 2: Weizman, Eyal: La vérité en ruines. Manifeste pour une architecture forensique, Paris, 2021
Anm. 3: »Eine unbeliebte Geliebte«, Süddeutsche Zeitung, 23./24.10.1999; »Hans Pleschinski (Hg.): Ich werde niemals vergessen, Sie zärtlich zu lieben. Madame de Pompadour. Briefe«, H/SOZ/KULT: https://www.hsozkult.de/publicationreview/id/reb-2136, besucht am 26. April 2021
Anm. 4: Barbé-Marbois, François: Lettres et réponses écrites à Madame la marquise de Pompadour, London, 1772
Anm. 5: Craufurd, Quentin: Mémoires de Madame Du Hausset, femme de chambre de Madame de Pompadour: avec des notes et des éclaircissements historiques, Paris, 1808
Anm. 6: Sennewald, J. Emil: Das Buch, das wir sind. Zur Poetik der ›Kinder- und Hausmärchen, gesammelt durch die Brüder Grimm‹, Würzburg, 2004
Anm. 7: Friedrich II: Lettre de la Marquise de Pompadour à la Reine de Hongrie, 1758

Kapitel 1

Die Macht der Bilder

François Boucher:
La Marquise de Pompadour (um 1750)
Öl auf Leinwand, 60 x 45 cm
Musée du Louvre, Paris

Jeanne Antoinette de Pompadour war eine der mächtigsten Frauen ihrer Zeit. Geboren am 29. Dezember 1721, lebte sie von 1745 bis 1764 als offizielle Mätresse des französischen Königs Ludwig XV. in Versailles. Höflinge und Herrscher buhlten um ihre Gunst.

Bis in die Gegenwart gibt es viele Bilder von Madame de Pompadour. Ihre Zeitgenoss.innen berichten von ihr in Memoiren, Briefen und Tagebüchern. Nachfolgende Generationen widmen ihr eine Vielzahl von Biografien, Romanen, selbst Operetten und Theaterstücken.

Bis heute sind die Meinungen über Madame de Pompadour geteilt. War sie eine machtgierige, berechnende Frau, die den willensschwachen König beherrschte und mit ihrer Verschwendungssucht den französischen Staat in den Ruin trieb? War sie eine gebildete, aufgeklärte Frau, die geschickt in die europäische Politik eingriff, welche die französische Wirtschaft ankurbelte und die schönen Künste förderte?

Sie selbst hätte wahrscheinlich die eine wie die andere Ansicht mit einem überlegenen Lächeln ignoriert und mit einer eleganten Handbewegung auf die Werke verwiesen, die sie Frankreich hinterlassen hat: die Einrichtung einer großen Militärakademie oder den Ausbau der Porzellanmanufaktur von Sèvres zu einem Unternehmen von internationalem Rang und sicherlich auch den Vertragsabschluss zwischen Frankreich und Österreich, der die politischen Machtverhältnisse im Europa von 1756 vom Kopf auf die Füße stellte. Vielleicht hätte sie auch nur mit anmutigem Kopfnicken den Blick auf die Bilder gelenkt, die sie selbst von sich hat entwerfen lassen, auf die Porträts, die sie bei den wichtigsten Künstlern ihrer Zeit in Auftrag gab, um ihren Zeitgenoss.innen und der Nachwelt die ganze Fülle ihrer Macht zu zeigen.

Bilder spielen eine wichtige Rolle in der höfischen Laufbahn von Madame de Pompadour. In den neunzehn Jahren, die sie als offizielle Mätresse in Versailles verbrachte, ließ sie unzählige Darstellungen ihrer Person, wie Gemälde, Kupferstiche und Skulpturen, anfertigen. Viele dieser Arbeiten sind heute verloren, von den noch erhaltenen Porträts werden die neun wichtigsten hier vorgestellt.

Madame de Pompadour benutzte ihre Porträts nicht als einfache Dekoration ihrer Schlösser und prachtvollen Zimmerfluchten in Versailles. Vielmehr waren sie ihr ein effektives Mittel zur Selbstinszenierung: Vermittelt durch die Porträts, konnte sie aller Welt ihre bedeutende Rolle am Hof und die Quellen ihrer Macht zeigen. Jedes Porträt erzählt eine ganz eigene, vielfältige Geschichte, jedes fügt der schillernden Persönlichkeit der Mätresse eine neue Facette hinzu. Die meisten Porträts wurden in öffentlichen Ausstellungen einem großen Publikum gezeigt, bevor sie an ihren eigentlichen Platz in den Privaträumen der Mätresse kamen.

Als Madame de Pompadour Ende der 1740er-Jahre ihr erstes großes Porträt bei François Boucher bestellt, hat sie sich eine Schlüsselstellung in Versailles erobert. Damit hat sie geschafft, was ihr am Anfang kaum jemand zugetraut hätte: Sie ist von Ludwig XV. zu seiner offiziellen Mätresse gekürt worden und hält sich in dieser Position derart geschickt, dass sie täglich an Einfluss und Macht gewinnt.

Am Anfang der Beziehung zwischen der zukünftigen Mätresse und dem König im Frühjahr 1745 glauben die meisten Höflinge noch an eine kurzlebige Affäre zwischen Ludwig XV. und der dreiundzwanzigjährigen Madame d'Etiolles, wie Madame de Pompadour damals noch heißt.

Memoiren und Briefe spiegeln die aufgeregte Atmosphäre in Versailles wider: Hinter aufgeklappten Fächern tuschelt man, die ganze Angelegenheit könne doch wohl nur ein Strohfeuer sein, eine flüchtige Laune eines blasierten Herrschers, der sich neben einer frömmelnden Ehefrau und wechselnden offiziellen Mätressen gern noch das eine oder andere kleine Liebesabenteuer gönnt.

Niemand rechnet ernsthaft damit, dass sich Madame d'Etiolles je offiziell in Versailles etablieren könnte, denn sie ist trotz ihres durch Heirat erworbenen adligen Namens bürgerlicher Herkunft. In einer Zeit strengster Hierarchie, in der in Frankreich eine elitäre Schicht herrscht, die auf eine jahrhundertlange Zugehörigkeit zum Hochadel pocht, ist das ein schier unüberwindlicher Makel, der sie eigentlich von jedem Aufstieg hätte ausschließen müssen.

Tatsächlich sind zu Beginn des Jahres 1745 nur wenige Höflinge wirklich in das Abenteuer zwischen dem König und Madame d'Etiolles eingeweiht. Dafür kursieren die wildesten Gerüchte: Die junge Frau habe sich dem König schon im vorangegangenen Herbst im Forst von Sénart bei seiner Lieblingsbeschäftigung, der Jagd, genähert, an einem Tag ein blaues Kleid getragen und eine rosa Kutsche gelenkt, am nächsten Tag eine rosafarbene Robe und eine blaue Kutsche. Sie habe am 25. Februar die ganze Nacht mit dem als Eibe verkleideten König auf dem offiziellen Maskenball des Hofes anlässlich der Hochzeit des Thronfolgers mit Marie-Thérèse de Bourbon getanzt und kurz darauf inkognito mit dem König einen weiteren Maskenball in Paris besucht.[1]

Was auch immer sich wirklich abgespielt haben mag, Fakt ist, dass Madame d'Etiolles schon bald nach dem berühmten Eibenball in Versailles ein und aus geht. Sie darf sogar Räume im Schloss benutzen, die zuvor der Herzogin de Châteauroux gehörten, der letzten offiziellen Mätresse des Königs, die am 8. Dezember 1744 völlig überraschend – durch Gift, wie die Versailler Gerüchteküche behauptet – verstorben ist.

Der Herzog de Luynes, ein altgedienter Höfling mit guten Kontakten und ein unermüdlicher Berichterstatter des höfischen Lebens, notiert sich am 27. April 1745 verunsichert in seinem Tagebuch: »Madame d'Etiolles soll angeblich bis über beide Ohren in den König verliebt sein und er soll ihre Gefühle erwidern.«[2]

Fünf Monate später, am 14. September 1745, wird Madame d'Etiolles zum Entsetzen der meisten Höflinge als Madame de Pompadour offiziell am Hof vorgestellt. Im Frühsommer hatte der König für Madame d'Etiolles die vakant gewordene Markgrafschaft Pompadour gekauft und seiner neuen Mätresse damit einen makellosen Namen gegeben, der danach fast zwanzig Jahre lang nicht aus der Geschichte Frankreichs wegzudenken ist.

Ludwig XV. sorgt auch dafür, dass ein angesehenes Mitglied des Hofes die Patenschaft bei der offiziellen Präsentation der Mätresse in Versailles übernimmt. Kein leichtes Unterfangen. Die Höflinge versuchen, sich um die zweifelhafte Ehre zu drücken. Schließlich trifft es die betagte Prinzessin de Conti: Sie muss Madame de Pompadour, so verlangt es das strenge Hofzeremoniell, öffentlich dem König, der Königin Marie Leszczyńska und dem Thronfolger, den drei wichtigsten Machtzentren des Hofes, vorstellen. Natürlich findet es auch die Prinzessin mehr als peinlich, eine Bürgerliche am Hof zu präsentieren, doch sie kann dem Herrscher sein persönlich vorgebrachtes Ansinnen unmöglich abschlagen – zumal Ludwig XV. ihr den schweren Gang mit der Übernahme ihrer hohen Spielschulden versüßt, welche die vergnügungssüchtige Prinzessin über Jahre angehäuft hat.

Am Abend der offiziellen Vorstellung am 14. September 1745 hält der ganze Hof den Atem an, als die frisch gebackene Marquise die Räume des Königs betritt. Lästerzungen kichern sich Bosheiten zu. Die meisten Höflinge warten hoffnungsfroh darauf, dass die mit den höfischen Sitten nicht vertraute Mätresse eine Peinlichkeit nach der anderen begeht.

Doch wie wir ebenfalls aus dem Tagebuch des Herzog de Luynes wissen, absolviert Madame de Pompadour den ersten Auftritt am Hof ohne den geringsten Fauxpas.[3] Eine perfekt geschnittene, dunkle Hofrobe umschmeichelt ihre zarte Gestalt, eine elegante Frisur betont die ebenmäßigen Gesichtszüge und die intensiven Augen. Ihre Umgangsformen sind makellos, die Verbeugungen und Hofknickse an den richtigen Stellen mit den angemessenen Abstufungen ausgeführt, die geistreichen Bemerkungen mit melodiöser Stimme bei passender Gelegenheit platziert.

Selbst die Königin kann nicht umhin, den vollendeten Manieren der neuen Mätresse Achtung zu zollen: Anstatt, wie von allen erwartet, nur etwas höchst Belangloses über das Wetter zu sagen, erkundigt sich Marie Leszczyńska bei Madame de Pompadour nach dem Befinden einer gemeinsamen Pariser Bekannten. Worauf die Mätresse, sich der besonderen Auszeichnung bewusst, in einen tiefen Hofknicks versinkt und Königin Marie versichert, nichts anderes zu begehren, als ihr zu gefallen.

Madame de Pompadour schlägt damit gleich zu Beginn ihrer höfischen Laufbahn klugerweise einen anderen Weg ein als ihre zahlreichen Vorgängerinnen, die Marie Leszczyńska gedemütigt hatten, wo sie nur konnten. Ein Weg, der ihren späteren Verbleib am Hof auch unabhängig vom König sichern wird.

Der König selbst verfällt völlig dem unwiderstehlichen Charme seiner neuen Mätresse, sodass Madame de Pompadour innerhalb weniger Monate ihre Position am Hof nicht nur spielend leicht halten, sondern sogar weiter ausbauen kann.

Schon im Oktober 1745, also nur wenige Wochen nach ihrem offiziellen Einzug in Versailles, wird überraschend der wichtige Posten des Generalkontrolleurs der Finanzen mit

Jean-Baptiste de Machault d'Arnouville besetzt. Dieser ist ein Freund der Mätresse und loyaler Parteigänger des großbürgerlichen Kreises um die mächtigen Pariser Finanziers Joseph Pâris Duverney und Jean Pâris de Montmartel.

Das erfolgreiche Brüderpaar Pâris ist zumindest in den ersten Jahren ein entscheidender Motor hinter den machtstrategischen Aktionen der Mätresse. Der preußische Gesandte Jean Baron le Chambrier berichtet im Januar 1747 nach Berlin, dass die Brüder mit Madame de Pompadours Hilfe das ganze Königreich beherrschen wollen. Die Pâris-Brüder seien die geheimen Drahtzieher, die das Militär und die Finanzen des Landes am Laufen hielten. Beide hätten das nötige Geld, die Fähigkeiten, den Geist und die Gunst des Königs, aus der sie mit Hilfe der Madame de Pompadour ihren Nutzen zögen.

Auch der Herzog de Croÿ, ein Vertrauter Ludwigs XV., ist sich sicher: Die Brüder Pâris »sind diejenigen, in die Madame de Pompadour das größte Vertrauen hat und sie sind es, die ihre Aktionen dirigieren«.[4]

Im Dezember erlangt Madame de Pompadour vor den Augen der fassungslosen Höflinge, die noch immer darauf spekulieren, der König werde seiner bürgerlichen Mätresse bald überdrüssig und verbanne sie wieder vom Hof, für ihren großen Förderer, Vormund und Ziehvater Charles Lenormant de Tournehem das so prestigeträchtige wie einflussreiche Amt des Oberintendanten der königlichen Bauwerke. Sie besetzt damit leichtfüßig eine weitere Schlüsselposition in Versailles mit einem engen Freund und verschafft ihrem großbürgerlichen Pariser Kreis noch größeren Einfluss am Hof.

Anfang 1746 mehren sich die Zeichen, dass Madame de Pompadour unangreifbar fest im Sattel sitzt. Bald schon drängen sich bei ihrer morgendlichen Toilette, die den höfischen

Gebräuchen gemäß öffentlich stattfindet, beinahe ebenso viele Höflinge wie beim Lever Ludwigs XV.

Das Lever, das offizielle Aufstehen des Königs, ist ein wichtiges Ritual im höfischen Alltag, das seit den Zeiten des Sonnenkönigs unverändert nach einem minutiös festgelegten Protokoll stattfindet: Der König wird von seinem obersten Kammerherren in seinem Paradebett geweckt und kleidet sich mit Hilfe ranghoher Adliger an, die ihm vom Unterhemd bis zum Überrock die unterschiedlichen Kleidungsstücke anreichen. Je nach dem Rang eines Höflings darf er am Ankleideritual im Paradeschlafzimmer selbst teilnehmen oder muss in einem der Vorzimmer warten, bis der König angekleidet herauskommt. Beim Lever gelangen die Höflinge in die unmittelbare Nähe des Herrschers und können ihn eventuell sogar um eine Gunst bitten. Manchmal zeichnet der König einen Adligen aus und bittet ihn in das erste Vorzimmer oder sogar in sein Schlafzimmer, obwohl ihm dieser Platz aufgrund seines Rangs nicht zusteht. Andere Höflinge werden, trotz beharrlichen Bemühens, gar nicht erst vorgelassen.

Auch bei Madame de Pompadours Morgentoilette versuchen alle, vermittelt durch die neue Mätresse, ein Amt oder eine Gunstbezeugung des Königs zu erhalten.

Madame de Pompadour ist zum festen Bestandteil des königlichen Tagesablaufs geworden. Sie begleitet Ludwig XV. morgens zur Jagd, nimmt als stille Zeugin bei Ministerratsitzungen teil, sieht dem König bei seinen offiziellen Abendessen zu, sitzt bei den anschließenden Soupers im kleinen Kreis an seiner Seite und verbringt die Nacht mit ihm.

Durch ihre große Nähe zum Herrscher wird Madame de Pompadour innerhalb kürzester Zeit allgegenwärtig an einem Hof, der bis dahin zuallererst von hochadliger Geburt und streng hierarchischer Rangordnung bestimmt war. Ende der 1740er-Jahre ist klar: Madame de Pompadour hat sich entgegen aller Prognosen zu einer Ausnahmeerscheinung entwickelt. Kein Weg führt mehr an ihr vorbei.

Die Notwendigkeit, ihre bedeutende Stellung durch ein großes Porträt zu demonstrieren, erscheint der Mätresse zu diesem Zeitpunkt immer dringlicher. Ein Porträt, das nicht nur als Dekoration eines ihrer erlesenen Zimmer in Versailles dient, sondern ihre Machtstellung angemessen repräsentiert. Wie ein Brief an ihren jüngeren Bruder Abel-François belegt, in dem sie ihm das baldige Eintreffen ihres Porträts bei ihm in Italien ankündigt, kann ein Gemälde sogar an ihrer Stelle auf Reisen gehen, um ihren weitreichenden Einfluss auch an ausländischen Höfen zu demonstrieren – eine im 18. Jahrhundert übliche Praxis.[5] In diesem speziellen Fall soll das Porträt Madame de Pompadours Bruder Abel-François de Vandières, dem späteren Markgrafen de Marigny, auf einer ausgedehnten Bildungsreise durch Italien den nötigen Rückhalt für seinen glanzvollen Auftritt an fremden Höfen geben.

Zum besseren Verständnis eines derartigen Umgangs mit Bildern ist es hilfreich, sich den Stellenwert des Porträts in den politischen Machtgefügen des 18. Jahrhunderts zu vergegenwärtigen: Mit der Entstehung des Absolutismus und besonders unter dem »Sonnenkönig« Ludwig XIV. hatte das Porträt eine regelrechte Stellvertreterfunktion erhalten. Es repräsentierte den König in dessen Abwesenheit oder, wie es der Philosoph und Historiker Louis Marin in seiner berühmten Untersuchung zum Porträt des Königs formuliert: Der König ist nur ein wahrer König, das heißt Herrscher, in den Bildern. Sie sind seine eigentliche Daseinsform.

Dem Porträt des Königs den Rücken zuzudrehen, gilt bis ins letzte Drittel des 18. Jahrhunderts als Majestätsbeleidigung. In der Französischen Revolution werden von den Aufständischen, die in die Schlösser eindringen, Porträts dementsprechend wie echte Menschen attackiert. Eine drastische Vorgehensweise, von der noch heute viele Porträts mit ausgestochenen Augen auf unheimliche Art Zeugnis ablegen.

Die in Sachen Kunst gut geschulte Mätresse, die dank ihres Ziehvaters Lenormant de Tournehem schon als Kind eine umfassende Ausbildung in Kunst, Gesang, Schauspiel und Literatur erhalten hatte, macht sich mit scharfem Blick und erlesenem Geschmack auf die Suche nach einem geeigneten Künstler. Mehrfach lässt sie sich von den berühmtesten Porträtisten ihrer Zeit malen: von dem für seine nüchternen, den Klassizismus vorwegnehmenden Bildnisse bekannten Jean-Etienne Liotard oder von Jean-Marc Nattier, dem bevorzugten Maler der Königsfamilie, der die zahlreichen Töchter des Königs in prachtvolle Hofroben gekleidet verewigt hatte. Doch die ersten Ergebnisse sind enttäuschend.

Jean-Marc Nattiers Porträt der Pompadour als Diana, ein unter Hofdamen beliebtes Motiv, das die porträtierten Frauen mit rundlichen Gesichtern, weiß gepuderten Haaren und rosigen Pausbacken relativ ununterscheidbar macht, mag ihr als zu abgegriffen, zu banal erschienen sein, um ihre schillernde Persönlichkeit zu repräsentieren.

Über Jean-Etienne Liotards Porträt, das sie im Profil mit unvorteilhaft großer Hakennase und fliehender Stirn zeigt, schreibt sie enttäuscht an ihren Bruder Abel-François nach Italien: »Ich werde mich wohl hüten, Ihnen mein Porträt von Liotard zu schicken.«[6]

Dann trifft sie auf François Boucher. Der 1703 geborene Künstler gehört als Mitglied der königlichen Kunstakademie seit 1742 zum illustren Kreis der Hofmaler, zu dem auch Jean-Marc Natter oder Carle Vanloo zählen, und gilt als Meister der Farbe, der subtilen Bildgestaltung. Von 1762 bis 1765 besetzt er den prestigeträchtigen Posten des »Premier peintre du Roi«.[7] Boucher ist vom Auftrag der mächtigen Mätresse geschmeichelt. Vor allem erkennt er die große Chance, die sich ihm dadurch bietet.

Naturgemäß nimmt er sich Zeit für die Vorbereitung, stellt seine Staffelei in den Räumen der Mätresse auf, fertigt mehrere Entwürfe an und arbeitet die kleinsten Details aus, bevor er zur Ausführung des endgültigen Porträts schreitet.

Bouchers aufwendige Vorarbeit wird belohnt. Sein Porträt findet Gnade vor den strengen Augen der Favoritin. Mehr noch, Madame de Pompadour ist von seiner vielschichtigen Arbeit begeistert. Ihrem Bruder schreibt sie nach Italien: »Ich werde Ihnen eine Kopie des Porträts schicken, das Boucher von mir angefertigt hat. Es ist äußerst charmant und es sieht mir wirklich ähnlich.«[8]

Bouchers erstes großes Porträt der Mätresse muss ein wahres Meisterwerk gewesen sein. Leider ist es in den Wirren der Französischen Revolution verschollen, doch es gibt zwei Vorstudien, die anschaulich zeigen, wie das Ergebnis ausgesehen haben muss. Beide befanden sich bis zur Mitte des 19. Jahrhunderts gemeinsam in einer Privatsammlung, bevor sie getrennt verkauft wurden.[9]

Wenn man durch den Louvre spaziert, wo sich heute eine der beiden Vorstudien befindet, kann man das kleine Bild leicht übersehen. Dabei präsentiert es, wie auch die zweite Vorstudie in der Sammlung Rothschild in England, die junge Mätresse im ganzen Zauber ihrer anmutigen Schönheit. Eine elegante Erscheinung, die sich mit absoluter Stilsicherheit in einer erlesenen Umgebung bewegt.

Die beiden zwischen 1747 und 1750 entstandenen Entwürfe zeigen Madame de Pompadour beim Klavierspiel und bei den Vorbereitungen zu einem morgendlichen Spaziergang mit dem König – kurz, bei den alltäglichen Verrichtungen einer wichtigen Hofdame in Versailles.

Schaut man sich die beiden Vorstudien näher an, wird jedoch schnell klar, dass François Boucher mit diesem ersten Porträt von Madame de Pompadour nicht nur vom Alltag von Hofangehörigen in Versailles erzählt. Vielmehr stellt er auf subtile Weise die mächtige Stellung der offiziellen Mätresse mitsamt den Quellen und Strategien ihrer Macht dar. Selbst kleine Bilddetails wie Rosen, Bücher oder Schmuckstücke lässt er sprechen.

Madame de Pompadour gilt als eine der schönsten Frauen ihrer Epoche, bei deren Anblick die Zeitgenossen ins Schwärmen geraten. Aus ihren ersten Monaten in Versailles ist daher eine Vielzahl von Berichten überliefert.

Jean-Nicolas Dufort de Cheverny, in Versailles verantwortlich für die Begleitung der ausländischen Botschafter zu den offiziellen Audienzen des französischen Königs, beschreibt sie folgendermaßen: »Madame de Pompadour ist sehr wohlgeformt, ihr Gesicht rundlich mit regelmäßigen Zügen, einem makellosen Teint, perfekt geformten Armen und Händen und wunderschönen Augen, die zwar nicht sehr groß waren, aber dafür ein Feuer, einen Glanz und einen Esprit besaßen, wie ich sie nie zuvor bei einer Frau gesehen hatte.«[10]

Einer der Jagdaufseher in Versailles schwärmt: »Madame de Pompadours Haar ist eher kastanienfarben als blond, ihre Nase perfekt geformt, ihre Zähne sehr weiß und schön und ihr Lächeln verführerisch. Ihre Augen haben einen ganz eigenen Charme, der vielleicht der Unbestimmtheit der Augenfarbe geschuldet ist. Diese wechselt zwischen dem Funkeln schwarzer Augen, der Zärtlichkeit blauer Augen und der Eleganz grauer Augen. Die Augen scheinen Ausdruck ihres lebendigen Charakters und ihrer tiefen Seele zu sein.«[11]

François Boucher greift solche Beschreibungen der Porträtierten natürlich auf. Allerdings zeigt er die große Schönheit seines Modells nicht nur auf der anschaulichen Ebene, sondern fügt als zusätzlichen Beleg auf beiden Skizzen am Ausschnitt der Kleider und auf dem Fußboden Rosen hinzu. Rosen wurden in der Bildsprache des 18. Jahrhunderts als eines der wesentlichen Attribute der für ihre außergewöhnliche Schönheit berühmten Göttin Venus verwendet. Im Porträt stehen die Rosen als Symbol für die geradezu göttliche Schönheit der Mätresse.

Daneben gilt Madame de Pompadour als intelligent und äußerst kultiviert. Voltaire behauptet, sie habe mehr gelesen als irgendeine andere Frau ihrer Zeit, sie sei liebenswürdig, anmutig, klug, gebildet, ja geradezu die Perfektion in Person.[12] Der Vordenker der Aufklärung mag dies auch gesagt haben, um sich in Madame de Pompadour die Gunst einer mächtigen Fürsprecherin zu sichern, doch er ist nicht der Einzige, der die Bildung der Mätresse und ihren Kunstsinn lobt.

Ihr langjähriger Freund, François-Joachim de Pierre de Bernis, der dank ihrer Protektion später eine steile Karriere am Hof machen sollte und im Jahr 1757 den prestigeträchtigen Posten eines Staatssekretärs für auswärtige Angelegenheiten erhält, fügt hinzu, sie sei eine große Liebhaberin der schönen Künste.[13]

Der große Aufklärer Montesquieu sieht sie gar auf einer Stufe mit dem berühmtesten Schriftsteller des 18. Jahrhunderts und schwärmt: »In den Augen der Nachwelt wird das 18. Jahrhundert durch Voltaire und Madame de Pompadour repräsentiert werden.«[14]

Boucher verweist in seinem Porträt auf die intellektuellen Interessen der Mätresse und auf ihre Bildung, indem er in bei

François Boucher:
Skizze für ein Porträt von Madame de Pompadour (um 1750)
Öl auf Leinwand, 62,5 x 46 cm
Waddesdon Manor (The Rothschild Collection)

den Vorstudien Bücher, Notenblätter und Kupferstiche auffällig im Raum verteilt. Sie werden dadurch als alltägliche Beschäftigungen der Mätresse erkennbar.

Trotz ihrer herausragenden Anlagen wird Madame de Pompadour auch nach Jahren am Hof immer wieder wegen ihrer bürgerlichen Herkunft angegriffen. Anonyme Verfasser bringen üble Spottgedichte und Karikaturen in Umlauf. Diese zeigen Madame de Pompadour in Anspielung auf ihren bürgerlichen Namen Poisson (Fisch) als gemeines Fischweib, das den König an der Nase herumführt.

Boucher reagiert auf diese Angriffe, indem er auf beiden Skizzen jeweils in der unteren rechten Bildecke ein auffällig drapiertes rotes Buch mit einem in Goldfarbe geprägten Turm auf dem Einband einfügt. Der Einband bildet einen Teil von Madame de Pompadours Wappen ab, das normalerweise aus drei Türmen besteht und verweist damit auf den legitimen Adelstitel der Mätresse. Das Buch im Bild kann wie eine Visitenkarte von Madame de Pompadour gelesen werden, die ihren bedeutenden Rang als Mitglied des Hochadels zum Ausdruck bringt.

Die Skizzen erzählen darüber hinaus auch von der Treue und Loyalität der Mätresse gegenüber dem König – ein Punkt, der in den Karikaturen und Spottgedichten häufig in Zweifel gezogen wurde. Beide Tugenden werden mit dem in der Bildsprache des 18. Jahrhunderts üblichen Symbol repräsentiert, einem kleinen Hund, der auf der Skizze aus der Sammlung Rothschild zu sehen ist.

Selbst das Perlenarmband mit dem auffälligen, mit einem Porträt des Königs verzierten Medaillon, das Madame de Pompadour auf der Vorstudie aus der Sammlung Rothschild so demonstrativ in der Hand hält, spricht bei näherem Hinsehen Bände.

Tatsächlich sorgt der französische König für großes Aufsehen, als er Madame de Pompadour zu einem ihrer ersten Neujahrsfeste in Versailles dieses prachtvolle Armband mit seinem eigenen Konterfei schenkt. Durch das Armband wird den Höflingen sinnfällig vor Augen geführt, dass Madame de Pompadour und Ludwig XV. offiziell verbunden sind. In der Vorstudie verweist das abgebildete Perlenarmband direkt auf den König als Quelle der Macht der Mätresse.

Die Bedeutung, die Madame de Pompadour diesem auffälligen Schmuckstück beimisst, zeigt sich daran, dass es über zehn Jahre später in einem weiteren Porträt auftaucht, das sie bei François Boucher in Auftrag gibt.

Sprechend ist in den Vorstudien auch die Umgebung der Mätresse. François Boucher experimentiert hier mit zwei verschiedenen Dekors: zum einen mit einem edlen Schminktisch mit goldgerahmtem Spiegel, der mit verschiedenen Schminkutensilien wie Puderquasten, Schminktiegeln, Karaffen und Schalen bedeckt ist; zum anderen mit einem Cembalo, dessen aufgeschlagene Notenblätter von einem prachtvollen vergoldeten Kerzenleuchter beschienen werden.

Natürlich sind Schminktisch, Cembalo und Notenblätter nicht irgendeine Einrichtung, ausgewählt vom Künstler, um das sorglose, luxuriöse Leben einer Hofdame zu illustrieren. Sie verweisen vielmehr auf eines der wichtigsten Machtinstrumente von Madame de Pompadour: ein privates Theater, das sie von 1747 bis 1750 in Versailles und von 1750 bis 1752 in ihrer Residenz Bellevue unterhält und in dem sie selbst auf der Bühne steht.

Die Leidenschaft der Mätresse für das Theater reicht bis in ihre früheste Jugend zurück. Prosper-Jolyot Crébillon, ein berühmter Dramaturg und Stückeschreiber in der Mitte des 18. Jahrhunderts, unterrichtet die junge Jeanne Antoinette in Schauspiel, Tanz und Rezitieren. Für ihre Gesangsausbildung wird Pierre Jélyotte verpflichtet, einer der wichtigsten Countertenöre seiner Epoche, der regelmäßig in Opernaufführungen an der Comédie Italienne in Paris glänzt. Beide erkennen schnell das große Talent ihres Zöglings und fördern es nach Kräften.

Schon vor ihrer Hochzeit kann die junge Jeanne Antoinette Poisson mit Arien ihres Lieblingskomponisten Jean-Baptiste Lully – der am Hofe des »Sonnenkönigs« Ludwig XIV. durch seine Opern berühmt wurde – in den Pariser Salons brillieren.

Nach der Hochzeit mit Charles Lenormant d'Etiolles richtet ihr Ziehvater Lenormant de Tournehem ein kleines Privattheater in Etiolles ein, einer Residenz an den Ufern der Seine in der Nähe von Sénart, wo der König zu jagen pflegt. Hier, so hofft Lenormant, wird sein schöner Schützling seine vielfältigen musischen Talente vorteilhaft zur Geltung bringen.

Ein Kalkül, das aufgeht, denn schon bald hat sich die junge Madame d'Etiolles einen Ruf erworben, der bis nach Paris und Versailles ausstrahlt. Voltaire schaut sich eine Vorstellung an und schreibt begeistert, Madame d'Etiolles singe und tanze wunderschön. Auch François-Joachim de Bernis hält in seinen Memoiren fest: »Sie tanzte, sang und spielte wunderbar Theater.«[15]

Das Theaterspiel bleibt zeitlebens eine der größten Leidenschaften Madame de Pompadours. In der gut ausgestatteten Bibliothek, die sie später in Versailles besitzt, befinden sich über 3000 Opern, Theaterstücke und Abhandlungen zu Oper und Schauspiel.

In Versailles beginnen die Aufführungen im Herbst des Jahres 1747. Am Anfang ist alles improvisiert. Die Stücke werden in den so genannten Petits Cabinets des Königs gegeben, einer Folge privater Räume, die sich hinter den offiziellen Gemächern des Herrschers befinden und nur einem kleinen

Kreis von Höflingen zugänglich sind. Es fehlt an Umkleidekabinen, Bühnenbild und Platz für die Auftritte der Schauspieler.innen. Zu den ersten Aufführungen wird lediglich ein kleiner Kreis von 14 Zuschauer.innen von Madame de Pompadour und Ludwig XV. persönlich eingeladen.

Die Aufführungen sind so erfolgreich, dass für die zweite Saison im Herbst 1748 eine bewegliche Bühnenstruktur entworfen wird. Das neue Theater kann in einem großzügigen Treppenhaus mit Namen »Escalier des Ambassadeurs« innerhalb von 48 Stunden auf- und in 17 Stunden abgebaut werden. Die demontierbare Struktur ist notwendig, da im Treppenhaus der Botschafter ebenfalls die Prozession des Ritterordens vom Heiligen Geist alljährlich am Neujahrstag stattfindet.

Mit Beginn der zweiten Saison etabliert Madame de Pompadour ihr Theater offiziell am Hof. Sie ernennt den Herzog de Lavallière, einen ihrer engsten Vertrauten, zum Direktor und nimmt in ihr Ensemble über die Standesgrenzen hinweg Höflinge, Diener.innen und professionelle Schauspieler.innen von den Pariser Bühnen auf. Einzig das Talent zählt. So engagiert sie sogar eine Kammerfrau der Königin wegen ihrer schönen Stimme. Für das außergewöhnlich gute Kinderballett beruft sie die Söhne und Töchter der besten Tanzmeister von Paris. Dazwischen stehen bedeutende Vertreter.innen des Hochadels auf der Bühne: Prinzen von Geblüt reichen einfachen Bürgermädchen die Hand zum Tanz.

Wie so oft sind die ehrwürdigen Höflinge über solche die Standesordnung missachtenden Freiheiten entsetzt. Doch sie müssen sich der allgegenwärtigen Macht der Mätresse beugen: Bühnenrollen wie Zuschauerplätze sind schon bald hart umkämpft.

In Anlehnung an die großen öffentlichen Bühnen von Paris gibt sich die bunte Truppe um Madame de Pompadour vom

König offiziell abgezeichnete Theaterregeln. In der Umsetzung weicht man aber humorvoll von den strengen Vorschriften der öffentlichen Bühnen ab. So erhalten die Schauspielerinnen einen Sonderstatus: Sie allein dürfen die Stücke, die Proben und die Reihenfolge der Aufführungen festlegen und, im Gegensatz zu den männlichen Mitgliedern, ungestraft eine halbe Stunde zu spät kommen, weil Damen länger zum Ankleiden brauchen als Herren, wie die Regeln augenzwinkernd festlegen.

Werden in der ersten Saison nur Komödien gegeben, kommen in der zweiten Spielzeit künstlerisch anspruchsvolle Ballettaufführungen und Opern dazu. Madame de Pompadour übernimmt meist die Hauptrolle. Dabei zeigt sich schnell ihr großes Talent als Schauspielerin, Tänzerin und Sängerin. Die Mehrheit der Zeitgenoss.innen findet ihre Ausstrahlung auf der Bühne überragend. An ihren Bruder schreibt die Mätresse nach der Aufführung eines Stücks von Voltaire zufrieden: »Wir haben gestern zum ersten Mal eine Tragödie aufgeführt. Es war Alzire. Alle Welt behauptete, dass ich erstaunlich war.«[16]

Der ambitionierte Theaterspielplan kann sich ohne Mühe neben den Programmen der öffentlichen Bühnen in Paris sehen lassen. Madame de Pompadour setzt Klassiker wie *Ragonde* von Jean-Joseph Mouret ebenso an wie die Tragödie *Sémiramis* von Voltaire, oder *Bacchus* und *Erigone* von Jean-Joseph Cassanéa de Mondonville, zwei Stücke, die eigens für sie geschrieben werden. Sie brilliert in *Acis und Galatea* von Händel, einer als *Mask* bekannten, dem deutschen Singspiel verwandten Musikform, die ihr erlaubt, ihr vielfältiges Talent voll zu entfalten.

Dazu gibt es Komödien wie *Zénéïde* von Louis de Cahusac oder *Le Préjugé à la mode* (Das modische Vorurteil), ein beliebtes Stück von Pierre-Claude Nivelle de la Chaussée über einen Ehemann, der die Lächerlichkeit begeht, seine eigene Ehefrau zu lieben.

Einen großen Erfolg erzielt die Theatertruppe in der zweiten Saison am 6. Februar 1748 mit *Le Méchant* (Der Böse) von Jean-Baptiste Louis Gresset. Das Stück, in dessen komisch überzeichneter Hauptfigur das Publikum viele Anspielungen auf Madame de Pompadours Gegner am Hof, wie den Grafen de Maurepas oder Kriegsminister d'Argenson, entdecken kann, gilt bis in die Gegenwart als eine der besten Komödien des 18. Jahrhunderts.

Zunächst ist nichts Ungewöhnliches daran, in der Mitte des 18. Jahrhunderts ein Privattheater einzurichten. Es gibt viel zu wenige öffentliche Bühnen, um die Theaterleidenschaft der französischen Oberschicht zu befriedigen. In Paris sind mit der Oper, der Comédie Française und der Comédie Italienne nur drei öffentliche Bühnen zugelassen. Sie allein haben das königlich verbriefte Recht, das klassische Theater- und Opernrepertoire öffentlich aufzuführen. Neben diesen drei offiziellen Häusern existieren in Paris und Umgebung mindestens 65 Privattheater, an denen professionelle Schauspieler.innen wie Laien auftreten. Eine Ausbildung in Musik und Tanz gehört zur üblichen adligen Erziehung. Es liegt nahe, die erlernten Künste später vor Publikum zum Besten zu geben.

Bisher ist das Theater der Madame de Pompadour als ihr persönliches, dem Zeitgeist geschuldetes Vergnügen und dazu als angenehmes Mittel beschrieben worden, den schnell gelangweilten König zu unterhalten. Völlig übersehen wird dabei die Bedeutung als Machtinstrument, die das Theater für die Mätresse des Königs in ihren ersten Jahren am Hof hatte.

Schon die Finanzierung und Ausstattung des ambitionierten Projekts nutzt Madame de Pompadour zu einer eindrücklichen Demonstration ihrer Autorität: Sie übergeht den mächtigen Herzog de Richelieu, der eigentlich für die Ausstattung einer solchen Festivität am Hof zuständig gewesen wäre. Stattdessen überträgt sie die Aufgabe ihrem Ziehvater Lenormant de Tournehem, der zu diesem Zeitpunkt seit fast drei Jahren Oberintendant der königlichen Bauwerke ist.

Wutentbrannt beschwert sich der Herzog de Richelieu beim König. Doch er tobt vergeblich und die Höflinge haben wieder einmal allen Grund, über den stetig wachsenden Einfluss der Mätresse zu flüstern. Dies umso mehr, als ihnen schnell klar wird, dass ihnen ihr Rang, mochte er auch noch so hoch sein, nicht automatisch Zugang zu Madame de Pompadours Theater verschafft. Jedem Höfling, der halbwegs seine Sinne beisammen hat und es in Versailles zu etwas bringen will, wird spätestens im Herbst 1748 klar, was das Theater im Grunde bedeutet: einen direkten Zugang zum Herrscher in einer privaten, intimen Atmosphäre.

Sind schon die Umgangsformen während der Aufführungen derart zwanglos, dass das Publikum unabhängig vom König einfach klatschen darf, so sind sie es umso mehr bei den anschließenden Abendessen, zu denen Ludwig XV. und manchmal auch Madame de Pompadour Schauspieler.innen und Zuschauer.innen in ihre Privatgemächer laden.

Bei diesen Soupers legt der König spontan die Tischordnung fest. Es ist den Gästen sogar gestattet, während des Essens aufzustehen und zwischen den Tischen umherzuspazieren. Madame de Pompadour, die der König eines Abends für alle Anwesenden hörbar als charmanteste Frau Frankreichs bezeichnet, glänzt als geistreiche Gesprächspartnerin. Manchmal kommen die Gäste am Ende des Abends in den Genuss eines Kaffees, den der König höchstpersönlich vor den entzückten Augen seiner Höflinge zubereitet.

Wer zu den Vorstellungen und den anschließenden Soupers geladen wird, gehört, für alle sichtbar und unabhängig vom Rang, zum innersten Kreis des Königshofes und kann seine Chancen auf Ämter oder Gunstbezeugungen erheblich steigern. Selbst hochstehende Adlige bemühen sich daher um Zugang.

So macht der Herzog de Croÿ Madame de Pompadour regelmäßig bei ihrer morgendlichen Toilette seine Aufwartung, um eine Einladung zu ergattern. Die Königin Marie Leszczyńska, der Thronfolger und seine Frau nehmen an einer Aufführung teil und äußern sich wohlwollend über das Theater.

Mehrfach lädt Madame de Pompadour auch ausländische Gesandte zu den Vorstellungen ein, obwohl diese gemäß der strengen Hofetikette normalerweise nicht zu derartigen Festivitäten am Königshof eingeladen werden dürften. Damit demonstriert sie einmal mehr eindrücklich den Umfang ihrer Macht. Besonders der österreichische Gesandte Graf Wenzel Anton von Kaunitz-Rietberg weiß die Möglichkeiten zu schätzen, die sich ihm durch diesen informellen Zugang zu Mätresse und König bieten. Nach Wien berichtet er zufrieden: »Ich muss mich um zwei Personen kümmern, den König und seine Mätresse; ich habe ein gutes Verhältnis zu beiden.«[17]

Die Gesandten anderer europäischer Höfe bemühen sich dagegen oft vergebens um einen vertraulichen Umgang mit Madame de Pompadour. Der englische Gesandte Graf of Albermarle berichtet im April 1753 enttäuscht an den Hof in London: »Es ist nicht möglich, mit ihr zu sprechen, außer vor den Augen der anderen, bei ihrer Toilette, wo alle wie Statuen um ihren Frisiertisch herumstehen und sie anstarren, und aus Angst, Anstoß beim König zu erregen und bei den Ministern Eifersucht aufkommen zu lassen, gibt sie niemals einem von uns Botschaftern vertrauliche Audienz.«[18]

Mit dem Theater hat sich Madame de Pompadour in ihren ersten Jahren am Hof also keineswegs ein kostspieliges Privatvergnügen, sondern ein hervorragendes Instrument geschaffen, mit dem sie in die Günstlingswirtschaft des Hofes eingreift und den Zugang zum König teilweise reguliert. Dank des Theaters kann sie ihre Position am Hof ausbauen, da die Höflinge, die einen exklusiven Kontakt zum König wollen, sich um ihre Gunst bemühen müssen.

An dieser Stelle muss man sich vor Augen führen, dass Machtausübung und Politik in der höfischen Welt vollkommen anders funktionieren als in den demokratischen Gesellschaften, wie wir sie heute kennen.

Die höfische Gesellschaft besteht aus einem Gewebe von Beziehungen und aus einem Geflecht von Abhängigkeiten. Die Höflinge haben je nach Rang ein Anrecht auf einen Platz am Hof und können beim Zeremoniell des Lever oder Coucher, dem öffentlichen Aufstehen und Zubettgehen des Königs, mehr oder weniger in die Nähe des Königs gelangen. Das bleibt jedoch von geringer Bedeutung, wenn es dem Einzelnen nicht gelingt, seine Stellung zu profilieren und mit Bedeutung aufzuladen.

Um eine erreichte Position zu sichern, muss ein Adliger ein eigenes Netz aus Posten, Kontakten und Verpflichtungen aufbauen. Eine zentrale Rolle spielen dabei die Gunstbeweise des Königs. Durch sie kann man in der Rangordnung aufsteigen oder lukrative Stellen erhalten. Da sich auf jede Stelle mehrere Höflinge bewerben, ist der Konkurrenzdruck sehr hoch. Es entwickelt sich ein regelrechter Handel mit Gunstbeweisen.

Das Theater spielt bei der Verteilung von Gunstbezeugungen durch Madame de Pompadour über die Jahre hinweg eine Schlüsselrolle am Hof.

Durch nichts lässt sie sich vom Theaterspielen abhalten. Selbst mit einer schlimmen Migräne tritt sie auf, wie sie ihrem

Bruder nach Italien berichtet.[19] Selbstredend dürfen deutliche Hinweise auf dieses erste wichtige Mittel, das Madame de Pompadour fünf Jahre lang hilft, ihre Position am Hof auszubauen und zu sichern, in ihrem ersten großen Porträt von François Boucher nicht fehlen.

Die Theateraufführungen finden von 1747 bis 1750 – also genau zum Entstehungszeitpunkt des Porträts – in Versailles statt. Danach werden sie in reduzierter Form in Madame de Pompadours neuer Residenz im Schloss Bellevue in Meudon fortgesetzt. Als Grund für die Verlegung des Theaters von Versailles in die intimere Atmosphäre von Bellevue und schließlich das Ende der Aufführungen gibt Madame de Pompadour in Briefen die Sparpolitik des Königs an, die sie nach Kräften habe unterstützen wollen.[20]

Vorangegangen war ein Umschlagen der öffentlichen Meinung: Ludwig XV. wird seit dem Ende der 1740er-Jahre in Schmähschriften, die in Paris und Versailles zirkulieren, wegen der hohen Staatsverschuldung angegriffen. Madame de Pompadours Theater wird in diesem Zusammenhang oft als Hauptgrund für den drohenden Staatsbankrott benannt. Wie man inzwischen weiß, stecken hinter den meisten dieser Schmähschriften Hofadlige, die dadurch die Machtposition der Mätresse schwächen wollen.[21]

Madame de Pompadour nimmt durch die Schließung des Theaters ihren mächtigsten Gegnern den Wind aus den Segeln. Letztlich gibt sie die Bühne allerdings erst zu einem Zeitpunkt auf, als sich das Theater als Machtinstrument überlebt hat und sie ihre Position am Hof auf andere Weise wesentlich effektiver behaupten kann.

In ihren Anfangsjahren am Hof hat Madame de Pompadour mit dem Theater ein meisterhaftes Mittel gefunden, den exklusiven, privaten Zugang zum König elegant zu regulieren.

Dafür spricht auch ein abschließender Blick auf die Kleider, die Madame de Pompadour auf beiden Vorstudien trägt.

So üppig die Roben dem heutigen Betrachter auch scheinen mögen: Beide Male handelt es sich um Tageskleider, die wesentlich dezenter und luftiger waren als die steifen, ausladenden Hofroben, die alle Hofdamen bei offiziellen Anlässen tragen mussten und mit denen sie oft nur seitwärts durch die Türen des Schlosses passten.

Auch hierbei handelt es sich um eine wohlkalkulierte Repräsentationsstrategie: Madame de Pompadour wird durch das Tragen von Tageskleidern eindeutig in einem privaten, intimen Rahmen verortet. Ein Rahmen, in dem der Zugang zum König direkter, ungezwungener und viel effektiver ist als bei offiziellen Anlässen, bei denen jede Bewegung der Höflinge bis ins letzte Detail ihrer Kleidung durch das strenge Hofzeremoniell geregelt wird. Bei solch offiziellen Anlässen ist es undenkbar, ungefragt das Wort an den König zu richten.

Die Tageskleider, die Madame de Pompadour auf diesem wie auf allen späteren Porträts trägt, verweisen auf einen wesentlichen Schlüssel zum Verständnis ihrer Macht.

Anmerkungen Kapitel 1:

Anm. 1: Gallet, Danielle: Madame de Pompadour ou le pouvoir féminin, Paris, 1985, S. 33 f.
Anm. 2: Luynes, Charles-Philippe, Herzog de: Mémoires du duc de Luynes sur la cour de Louis XV (1735–1758), 17 Bde., Paris, 1860–1865, Bd. 6, S. 423, Übersetzung A. Weisbrod
Anm. 3: Lever, Evelyne: Madame de Pompadour, Paris, 2000, S. 64 ff.
Anm. 4: Croÿ, Bd. 1, S. 68 (zitiert nach Dade, S. 130)
Anm. 5: Poulet-Malassis, Auguste (Hg.): Correspondance de Madame de Pompadour avec son père M. Poisson et son frère M. de Vandièrs, Paris, 1878, S. 37
Anm. 6: Salmon, Xavier, et al.: Madame de Pompadour et les arts, Paris, 2002, S. 144
Anm. 7: Lépicié, François Bernard: Vies des premiers peintres du roi depuis M. Lebrun jusqu'à présent, 1752
Anm. 8: Salmon, S. 143, Übersetzung A. Weisbrod
Anm. 9: ebd.
Anm. 10: Poulet-Malassis, S. XXV ff., Übersetzung A. Weisbrod
Anm. 11: ebd.
Anm. 12: Gallet, S. 39 f.
Anm. 13: ebd.
Anm. 14: Goodman, Elise: The portraits of Madame de Pompadour. Celebrating the femme savante, Berkeley, 2000, S. 10
Anm. 15: Bernis, François Kardinal de: Staatsmann und Weltmann. Erinnerungen und Briefe, München, Leipzig, 1917, S. 61 f.
Anm. 16: Poulet-Malassis, S. 37, Übersetzung A. Weisbrod
Anm. 17: Dade, Eva Kathrin: Madame de Pompadour. Die Mätresse und die Diplomatie, Köln, 2010, S. 158, Brief des Grafen of Albermarle an den britischen Staatssekretär Holdernesse vom 8. April 1753
Anm. 18: ebd., S. 122
Anm. 19: Poulet-Malassis, S. 51
Anm. 20: ebd., S. 105
Anm. 21: Weisbrod, Andrea: Von Macht und Mythos der Pompadour, Königstein im Taunus, 2000, S. 108 ff., S. 198 ff.

Kapitel 2

Von Frauen und Philosophen

Maurice-Quentin Delatour:
Porträt der Marquise de Pompadour (1755)
Pastell auf Papier, 175 x 128 cm
Musée du Louvre, Paris

Als Madame de Pompadour ihr zweites Porträt im Jahr 1755 in einer großen Ausstellung der Öffentlichkeit vorstellt, liegen bewegte Jahre hinter ihr. Seit dem Ende der 1740er-Jahre haben sich die spektakulären Triumphe und die Leichtigkeit ihrer ersten Zeit in Versailles verflüchtigt. Zwar gewinnt sie am 30. April 1749 mit der Verbannung ihres erbitterten Widersachers, des Marineministers Jean-Frédéric Phélypeaux, Graf de Maurepas, weiter an Terrain in den Machtgefügen des französischen Hofes. Doch ihre Gegner sammeln sich in den folgenden Jahren immer mehr zum entscheidenden Gegenschlag.

Den Grundstein dazu legt der Graf de Maurepas vor seiner überraschenden Verbannung noch selbst mit einer Reihe bösartiger Spottgedichte, die in Paris und Versailles in Umlauf gebracht werden. In Anlehnung an Madame de Pompadours Geburtsnamen Poisson sind sie bis heute unter dem Namen Poissonaden (Fischereien) bekannt. In Paris zirkulieren sie auf illegal gedruckten Flugzetteln. In den überfüllten Straßen grölen gekaufte Agitatoren zum großen Vergnügen der umstehenden Leute Reime wie den folgenden:

»Die Finanziers bereichern sich.
Die Fische werden immer fetter.
Im Königreich der Schurken zieht eine kleine Bürgerliche,
die zur Königshure aufgestiegen ist,
alle auf ihr Niveau herab
und macht den Hof zum Saustall.«[1]

In den Spottgedichten und einer gefälschten Biografie, die man sich auch in Versailles weiterreicht, traut man der Mätresse das Schlimmste zu. Die Liste ihrer Verfehlungen scheint schier endlos zu sein:

Madame de Pompadour stürze Frankreich in ruinöse Kriege, natürlich nur, um sich selbst zu bereichern. Sie verkaufe ganze Regimenter, lukrative Ämter und Passierscheine, um dringend in Frankreich benötigten Weizen ins Ausland auszuführen – natürlich gegen Berge von Goldtalern. Sie wolle alle Diamanten des Königreichs aufkaufen, lasse sich gleichzeitig acht Paläste bauen und verschwende für eine einzige Theateraufführung das Vermögen von 50 000 Ecus. Zum Vergleich: Ein berühmter Schriftsteller wie Voltaire kann im Jahr 1775 ein Jahreseinkommen von 66 000 Ecus verzeichnen, ein Diener verdient zur selben Zeit im Schnitt 18 Ecus pro Jahr.

Doch an einem Abgleich mit der Realität sind die anonymen Verfasser der Pamphlete natürlich nicht interessiert. Stattdessen erregen sie sich in immer wilderen Gerüchten: Zu einer Soiree im Schloss Marly sei Madame de Pompadour in einer 22 500 Ecus teuren Robe erschienen. Der König, den sie wie einen Tanzbären an der Nase spazieren führe, habe ihr Porzellanblumen für die schwindelerregende Summe von 260 000 Ecus gekauft. Dazu spucke die Marquise beinahe täglich Blut, habe keinen Zahn mehr im Mund, dafür aber gelbe Flecken im Gesicht und einen dürren, faltigen Hals, sei von einem Sohn entbunden worden, habe gleichzeitig mehrere Fehlgeburten gehabt und stehe kurz vor ihrer Verbannung ...[2]

Nicht nur in Spottgedichten, sondern auch in zahllosen, teils extrem obszönen Karikaturen wird Madame de Pompadour als Hure, Blutsaugerin und als Ursache aller Übel in Frankreich verunglimpft. Ihre bürgerliche Herkunft steht oft im Mittelpunkt der Angriffe. Die anonymen Verfasser stellen sie nicht, wie es den Tatsachen entsprechen würde, als wohlerzogenes Mitglied des mächtigen, finanziell gut ausgestatteten

Pariser Großbürgertums dar, sondern als vulgären Emporkömmling, der aus der Gosse nach oben gekrochen ist.

Madame de Pompadour gibt sich souverän und bemüht sich um öffentliche Schadensbegrenzung. An ihren Bruder Abel schreibt sie am 18. Januar 1751: »Wenn diese ganzen Gerüchteköche wüssten, wie wenig sie mich treffen und wie gelassen ich sie verachte, würden sie sich sehr ärgern.«[3]

Sowohl sie als auch Abel verwenden in Anspielung auf ihren Familiennamen Poisson den Fisch als eine Art Wappentier. Madame de Pompadour stellt in ihren Räumen in Versailles auffällige chinesische Porzellanvasen in Fischform auf. Bei einer öffentlichen Toilette bemerkt sie in Anwesenheit vieler Höflinge scheinbar nebenbei, dass die Einrichtung ihres neuen Theaters in Bellevue nur 20 000 Ecus gekostet hat und nicht 2 Millionen, wie die Gerüchte besagen. Sie fügt hinzu: »Ich möchte gerne wissen, ob der König etwa nicht diese Summe für sein persönliches Vergnügen ausgeben darf?«[4]

Trotz aller scheinbaren Gelassenheit greifen die unausgesetzten Attacken bei Hofe und in der Öffentlichkeit sie an. Ihr Gesundheitszustand, seit Kindertagen durch einen nicht auskurierten Keuchhusten angeschlagen, wird zusehends schlechter. Die Marquise hat Fieberschübe, Hustenanfälle und muss häufig das Bett hüten; hinzu kommen regelmäßig wiederkehrende heftige Migräne-Attacken.

In einer Zeit, in der es durchaus vorkommt, dass unliebsame Gegner durch Giftanschläge beseitigt werden, fürchtet sie angesichts der massiven Angriffe um ihr Leben. Sie schreibt zahllose Briefe an den Polizeichef von Paris, Monsieur d'Argenson, und fordert die Verhaftung der Urheber der Poissonaden. Ihr Patenonkel und Förderer, der Pariser Finanzier Pâris de Montmartel, gibt monatlich 90 Ecus für Detektive aus, damit die Quelle der Spottgedichte endlich ausfindig gemacht wird.

Im März 1750 schleicht sich ein falscher Priester bei Madame de Pompadour ein und versucht, ihrem Zimmermädchen Manon einen Trunk mit angeblich magischen Kräften aufzuschwatzen. Das Mädchen soll ihn der Marquise heimlich geben. Doch Manon deckt den versuchten Anschlag auf. Madame de Pompadour ist auf das Höchste alarmiert und beschwert sich erneut bei d'Argenson. Ohne Erfolg – sie bleibt weiter unter Beschuss.

Auch der König macht ihr Sorgen. 1749 erleidet Ludwig in ihrem Bett einen Kreislaufkollaps. Er hatte zu schwer zu Abend gegessen. Zwei Jahre später, am 5. August 1751, übersteht der König wie durch ein Wunder einen schweren Reitunfall weitgehend unbeschadet. Trotzdem führen solche abrupt eintretenden Ereignisse der Mätresse überdeutlich vor Augen, wie zerbrechlich ihre Stellung ist. Sollte dem König etwas zustoßen, könnte sie sich keinen einzigen Tag lang in Versailles halten.

Politisch gerät Ludwig XV. seit dem Frieden von Aachen im Jahr 1748 immer stärker unter Druck. Seine große Popularität, die ihm einst den Beinamen »der Vielgeliebte« eingebracht hat, schwindet zusehends. Als die Details des Friedensvertrages im Jahr darauf bekannt werden, schütteln die Menschen in Paris und Versailles verständnislos den Kopf: Frankreich hat in den Verhandlungen die meisten der im Österreichischen Erbfolgekrieg von 1740 bis 1748 gemachten Eroberungen zurückgegeben; einzig der preußische König Friedrich II. und die österreichische Kaiserin Maria Theresia gehen als Sieger.innen aus dem langjährigen Konflikt hervor. In Paris wird schon bald »bête comme la paix« zur Redensart – jemand oder etwas sei dumm wie der Frieden.

Ende der 1740er-Jahre bringen mehrere Missernten und die dadurch sprunghaft ansteigenden Brotpreise den König in immer ärgere Bedrängnis. Am 15. Juni 1750 schreibt Madame de Pompadour beunruhigt an ihren Bruder: »Es regnet ohne Unterlass, weswegen wir in großer Sorge um den Weizen sind. Die Preise steigen schon.«[5]

König Ludwig ist verunsichert, er zaudert. Zaghafte Reformversuche scheitern. Eine Änderung des Steuerrechts, die er 1749 gemeinsam mit dem Generalkontrolleur der Finanzen, Machault d'Arnouville, auf den Weg bringt, entwickelt sich trotz Rückendeckung durch Madame de Pompadour und der bürgerlichen Kreise der Pariser Finanziers zum politischen Debakel.

Die Einführung eines so genannten Zwanzigsten, eine fünfprozentige Abgabe für alle, auch Adel und Klerus, soll hauptsächlich die ärmeren Bevölkerungsschichten entlasten, die unter einer hohen Steuerlast leiden. Sofort wehrt sich die französische Kirche mit aller Kraft gegen die neue Steuer. Bisher musste sie aufgrund weitreichender Privilegien kaum Steuern zahlen. Geschickt setzen die französischen Kirchenmänner dort an, wo der König am leichtesten zu treffen ist: bei der Moral. Anstatt Ludwig XV. wegen der bei den Armen populären Steuerreform direkt anzugreifen, macht die Kirche sein moralisches Fehlverhalten zum Thema. Der Vorwurf: Der allerchristlichste König sei kein erbauliches Vorbild, sondern ein notorischer Ehebrecher.

Madame de Pompadour ist mehr denn je als Quelle allen Übels in den Mittelpunkt der Aufmerksamkeit gerückt.

Als 1750 mit dem kirchlichen Jubeljahr, das in der katholischen Kirche als besonders geeignet für Beichte und Vergebung der Sünden gilt, ein nur alle 25 Jahre wiederkehrendes bedeutendes Ereignis eintritt, spitzt sich der Konflikt zwischen Kirche und König auf eine ultimative Entscheidung zu: Entweder bleibt Madame de Pompadour weiter am Hof und die Änderung des Steuerrechts kippt oder die Steuerreform bleibt und die Mätresse geht. Die Beziehung zwischen der Mätresse und dem König wird zum Politikum.

Schwere Schläge teilen die königlichen Beichtväter unter der Führung des Erzbischofs von Paris aus. Vermittelt über den tief religiösen Thronfolger, die gläubigen Königstöchter und die für ihre streng katholische Haltung bekannte Königin erhöhen sie den Druck auf den König.

Ludwig empfängt schon seit dem Bekanntwerden seines ersten außerehelichen Verhältnisses im Jahr 1741 während der Messe nicht mehr die heilige Kommunion. Nun muss er sich auch noch, anstatt im Kreise seiner Familie Zerstreuung und Frieden zu finden, täglich die Sorgen seiner Kinder um sein Seelenheil anhören: Während der König am liebsten über die Jagd spricht, lenkt seine Familie so dezent wie beharrlich das Thema auf die immense Freude und Bedeutung, im Jubeljahr die Heilige Kommunion empfangen zu dürfen.

Nach endlosen Abwägungen trifft der König am 24. Dezember 1751 eine folgenschwere Entscheidung: Die Steuerreform wird seiner Mätresse geopfert. Mittels einer kurzen Erklärung in der Staatsratssitzung erlässt Ludwig der Kirche die Abgabe des Zwanzigsten. Ein Fehler, wie sich bald erweist: Durch den Erfolg ermutigt, gibt die Kirche nicht etwa Ruhe, sondern erhöht den Druck auf den König weiter.

Am 10. Februar 1752 stirbt völlig unerwartet Ludwigs Lieblingstochter Henriette. Am 20. August desselben Jahres erkrankt der Thronfolger und einzige Sohn des Königs plötzlich an den Pocken und entgeht nur knapp dem Tod. Beide Male versinkt der König in Depressionen, schließt sich mit seinem neuen Beichtvater ein und ist für niemanden zu sprechen. Ängstlich fragt er sich, ob der Verlust seiner Kinder die Strafe

Gottes für seine Sünden und besonders für seinen anhaltenden Ehebruch ist.

Madame de Pompadour, durch die beiden Ereignisse alarmiert, behält die Nerven und harrt geduldig in ihrer Wohnung in Versailles aus, bis der König sie rufen lässt. Sobald Ludwig seine Mätresse wieder sieht, merkt er, wie wohl ihm ihre Gegenwart tut. Ludwig kann ihr sein Herz ausschütten, ihr seine Ängste mitteilen, bei ihr weinen, ohne dass sie auch nur ein Sterbenswörtchen nach außen dringen lassen würde. Sie ist absolut diskret, wie auch alle ihre Briefe belegen, in denen sie sich nie auch nur den kleinsten Mangel an Verschwiegenheit in Bezug auf den König gestattet. In den bittersten Momenten seines Lebens erweist sie sich als seine treue, zuverlässige Freundin.

Der König ist entschlossener denn je, seine Mätresse nicht aufzugeben. Im Oktober 1752 verleiht er ihr die Würde einer Herzogin und erhebt sie damit auf eine Stufe mit den ranghöchsten Damen des Hofes. Fortan darf sie bei offiziellen Anlässen in Gegenwart des Königs und seiner Familie auf einem Hocker sitzen. Die Angriffe der Kirche lassen trotzdem nicht nach. Gemeinsam mit dem König sucht Madame de Pompadour nach einer Strategie, die ihre Stellung am Hof dauerhaft plausibel macht.

Betrachtet man Madame de Pompadours zweites großes Porträt vor diesem Hintergrund, zeigt sich schnell, dass sie mit dem Bildnis Propaganda in eigener Sache betreibt wie nie zuvor.

Wenn man heute durch den Pariser Louvre geht, bleibt der Blick sofort an dem fast lebensgroßen Porträt von Maurice-Quentin Delatour (1704–1788) hängen, das aufgrund seiner besonderen Ausführung in Pastellkreide geradezu von innen heraus zu leuchten scheint.

Wie schon das erste Bild ist auch das zweite Gemälde voll sprechender Details. Auffällig ist zunächst, dass man ihm die Stürme, die seit 1748 über Madame de Pompadour hinweggetobt sind, nicht ansieht. Vielmehr spricht es auf derart ruhige und elegante Weise von der weitreichenden Macht der Mätresse, dass man den trügerischen Eindruck gewinnen kann, ihre Stellung sei nie umkämpft gewesen.

Tatsächlich hat Madame de Pompadour das kirchliche Jubeljahr und die schweren Attacken der klerikalen Partei von 1751 unbeschadet überstanden. Mehr noch, in den kommenden Jahren verneigen sich die europäischen Herrscherhäuser vor ihrer Macht und ihrem Einfluss.

Der österreichische Botschafter von Kaunitz beschreibt den französischen Hof im Dezember 1750 als einen ziemlich schlecht angespannten Pflug. Der König sei leicht beeinflussbar, am Hof herrschten Intrigen und Machtkämpfe zwischen den Ministern und einer höchst einflussreichen Mätresse.[6] Nur ein Jahr später berichtet der preußische Botschafter Graf of Scotland nach Berlin, dass die Minister ihre Unterlagen zuerst Madame de Pompadour zeigten, bevor sie die Themen mit dem König besprächen. Auf diese Weise könne die Mätresse ihre Sichtweise in allen Sachfragen durchsetzen. Der König habe es sich zur Gewohnheit gemacht, ihr alles zu erzählen und sie in allen geschäftlichen Belangen um Rat zu fragen.[7] Auch der englische Botschafter Graf of Albermarle ist von Madame de Pompadours großem Einfluss beeindruckt. Er schreibt im August 1754 nach London, dass die Mätresse inzwischen maßgeblich die französische Politik gegenüber England bestimmen könne. Sie wähle die Bewerber für die Staatsminister- und Staatssekretärsposten aus und könne so den Staatsrat als wichtigstes politisches Gremium in Frankreich kontrollieren.[8]

Das zweite große Porträt soll diesem immensen Einfluss Rechnung tragen und die umkämpfte Stellung der Mätresse unangreifbarer denn je erscheinen lassen. Für Madame de Pompadour entwickelt sich das Porträt von Delatour dementsprechend zu dem großen Prestigeobjekt, dem sie ihre ganze Energie widmet. Die Mätresse kennt den berühmten Pastellmaler schon länger und ist besonders von seinem Porträt des Präsidenten Gabriel de Rieux beeindruckt. Delatour hatte dieses großformatige Pastell im Jahr 1741 in der Salonausstellung der Öffentlichkeit präsentiert und viel Lob dafür erhalten.

Zunächst gestaltet sich die Ausführung des Auftrags mehr als schwierig. Anders als der in höfischen Umgangsformen gewandte François Boucher erweist sich Maurice-Quentin Delatour als komplizierte Persönlichkeit. Nachdem die erste Idee zum Porträt um 1748 entstand und der endgültige Auftrag schon 1749 erteilt wurde, lässt sich der Künstler bitten. Er ist launisch, bewegt sich nur unwillig zu Vorbesprechungen und Vorstudien in die wechselnden Residenzen der mächtigen Mätresse. Vor allem will er sich nicht in die künstlerische Umsetzung des Auftrags hereinregieren lassen. Bald schon gerät er in Konflikt mit den klaren Vorstellungen, die Madame de Pompadour von ihrem neuen Porträt hat.

Nach einigen Vorskizzen, in denen er hauptsächlich den Kopf seines illustren Modells zu Papier bringt, verliert Delatour das Interesse an dem Projekt. Er hat keine Lust mehr, die zahlreichen Änderungswünsche der Mätresse ins Porträt einzuarbeiten.

Zu Beginn des Jahres 1752 kommen die Arbeiten am Porträt praktisch zum Erliegen. Madame de Pompadour macht sich Sorgen, ihr ambitioniertes Projekt könne scheitern. Sie schaltet ihren Bruder Abel de Vandières ein, der inzwischen ihren

Ziehvater Charles Lenormant de Tournehem als Generalintendant der königlichen Bauwerke beerbt hat und damit die höchste kulturpolitische Machtposition in Frankreich besetzt. Entgegen seiner sonstigen Angewohnheit, mit Künstlern sehr autoritär umzuspringen, bemüht sich Abel bei diesem wichtigen Auftrag um einen diplomatischen Tonfall. Schließlich schickt er am 26. Februar 1752 ein Schreiben an den säumigen Künstler: »Monsieur, meine Schwester würde gerne wissen innerhalb welchen Zeitraums Sie damit rechnen, das Porträt anzufertigen. Ich habe es übernommen, Ihnen zu schreiben. Sie würden mir eine Freude bereiten, es mir in Ihrer Antwort mitzuteilen, die ich morgen erwarte und die ich am frühen Morgen empfangen kann, wenn Sie sie mir per Kurier nach Versailles schicken.«[9]

Als Antwort schützt Delatour prompt zu viel Arbeit und eine Nervenkrise vor. Es sei ihm nicht möglich, noch mehr zu arbeiten, als er es sowieso schon tue, er leide an nervöser Erschöpfung, sein Kopf sei leer, ein großes Leid habe ihm das Hirn verwirrt und seine Konstitution schwer angeschlagen.

Madame de Pompadour ist über diese dreiste Verweigerung äußerst ungehalten. Trotzdem hält sie an dem Projekt fest. Ihr Lieblingsarchitekt Ange-Jacques Gabriel, dessen Tochter kurz zuvor von Delatour gemalt worden war, wird als Vermittler eingeschaltet. Aber der Künstler lässt sich weiter bitten. Im Sommer 1752 muss Abel erneut einen Brief schreiben: »Kann meine Schwester damit rechnen, von Ihnen gemalt zu werden? Sie wartet ungeduldig darauf, dass Sie ihr Porträt vollenden; Ich erwarte Ihre Antwort.«[10]

Trotz der verschiedenen Interventionen wird es noch drei Jahre dauern, bis sich Delatour zur Fertigstellung des Porträts durchringen kann. Doch das äußerst elegante Ergebnis stellt Madame de Pompadour mehr als zufrieden.

Das Porträt von Maurice-Quentin Delatour zeigt die Mätresse in der exklusiven Atmosphäre ihrer Privaträume. Der Eindruck von Intimität wird durch das Tragen eines eleganten cremefarbenen Tageskleides unterstrichen, das mit goldenen Ranken und Rosen in Hellblau und Blassrosa verziert ist.

Wie Boucher hat auch Delatour die Visitenkarte der Mätresse im Bildnis eingefügt: Auf einer mit blauen Bändern zusammengebundenen Mappe ist Madame de Pompadours Wappen gut sichtbar eingeprägt. Wieder hat die Mätresse eine Tätigkeit unterbrochen und schaut nach rechts. An ihrem leicht ungehaltenen Blick und ihrer selbstsicheren Körperhaltung sieht man dieses Mal allerdings, dass sie nicht erfreut ist. Hat ein ungebetener Besucher sie beim Studieren einiger Notenblätter, vielleicht beim Einstudieren einer neuen Rolle für ihr Theater gestört? Der Künstler lässt die Antwort offen.

Über viele Bilddetails gewährt die Mätresse mit diesem Porträt umfassenden Einblick in ihren politischen Alltag. Sie lässt sich in ihrem Arbeitszimmer am Schreibtisch präsentieren. Um sie herum verstreut liegen Hinweise auf ihre Tätigkeiten und Interessengebiete: Musikinstrumente, Notenblätter, Kupferstiche, Bilder, ein Globus und vier Bücher direkt neben ihr auf dem Schreibtisch zeichnen ein lebendiges Bild davon, wie sich Madame de Pompadours Tage in den 1750er-Jahren gestalten.

Vorbei die Zeiten, als die junge, anmutige Schönheit den König bei seinen alltäglichen Vergnügungen begleitete, vorbei auch die Zeit, als sie mit ihrem Theater den Hof beherrschte. Zwar studiert Madame de Pompadour noch Notenblätter, doch die Gitarre, auf der sie ihren Gesang begleiten könnte, ist schon achtlos auf einem Sessel hinter ihr beiseitegelegt. Jetzt stehen andere Interessen im Vordergrund, die von den in Kupfer gestochenen Plänen, dem Globus und den Büchern auf ihrem Schreibtisch deutlich benannt werden.

Perfekt setzt Delatours Bildnis das neue Image der Mätresse in Szene: Um 1750 entsteht in Madame de Pompadours Umfeld die Idee, eine Militärakademie einzurichten, an der die künftigen Führungskräfte der französischen Armee ausgebildet werden sollen. Die Ecole militaire soll vor allem solche jungen Adligen aufnehmen, deren Familien durch Krieg oder andere Umstände verarmt oder deren Ernährer in den verlustreichen Schlachten des österreichischen Erbfolgekriegs gefallen sind. Eine Institutionalisierung militärischer Ausbildung, die Frankreich in Zukunft zentral geschulte, militärische Führungskader bescheren soll. Madame de Pompadour tritt mit dem ambitionierten Projekt erstmals als umsichtige, kompetente Politikerin in Erscheinung und um dieses gewagte Unternehmen in der Öffentlichkeit als Gewinn zu kommunizieren, deklariert sie die letzte Mätresse Ludwigs XIV., Madame de Maintenon (1635–1719), zu ihrem Vorbild. Deren Berühmtheit rührt vor allem daher, dass der Sonnenkönig sie nach dem Tod der Königin Maria Theresia von Spanien im Jahr 1683 zu seiner rechtmäßigen Frau gemacht hatte. Auch Madame de Maintenon war dem König mehr Freundin und Beraterin als Geliebte und hatte sich mit der Einrichtung von St. Cyr, einem Internat für verarmte Adelstöchter, einen Ruf als Wohltäterin Frankreichs geschaffen, der sie dauerhaft überlebte. Mit ihr als symbolischer Stütze, so hofft Madame de Pompadour, wird die Öffentlichkeit die Militärakademie weniger als Machtsicherungsstrategie einer Mätresse denn als karitatives Wunderwerk zum Wohle Frankreichs wahrnehmen.

Als das neue Porträt 1755 der Öffentlichkeit präsentiert wird, hat Madame de Pompadour beharrlich ihre ambitionierten politischen Projekte vorangetrieben und damit auch kontinuierlich ihre Beziehung zum König in ein anderes Register als das der kirchlichen Moral verschoben. Von der anmutigen Geliebten des Herrschers ist sie zur versierten Politikerin geworden. Für Frankreich wird das in den kommenden neun Jahren weitreichende Folgen haben.

Auf Delatours Gemälde sind die in Kupferstich angefertigten Pläne auf dem Schreibtisch mit der Inschrift »Pompadour sculpsit« versehen. Eine geläufige Signatur: Die musisch begabte Mätresse versteht sich auch aufs Kupferstechen und präsentiert hier stolz ihre selbst angefertigten Werke. Aber ist die Signatur wirklich nicht mehr als die Angeberei einer Hobbykünstlerin?

Vor dem Hintergrund der ehrgeizigen Großprojekte – neben der Militärakademie auch der Ausbau der französischen Porzellanmanufaktur von Sèvres auf internationalen Rang – und dem Wandel ihrer Rolle am Hof bekommt die Inschrift »Pompadour hat das geformt« eine andere Dimension, wird zum politischen Statement: Sie hat nicht nur die Kupferstiche, sie hat auch dieses Gemälde, diese Darstellung einer selbstbewussten Frau auf dem Höhepunkt politischer Macht, erst ermöglicht. Die kleine Inschrift sagt – mit aller üppigen Gelassenheit des Rokoko – nicht weniger als: Pompadour hat sich selbst zur mächtigsten Frau Frankreichs geformt.

Mit dem zweiten Porträt tritt Madame de Pompadour endgültig aus dem Schatten des Königs. Jetzt lenkt sie ihre Geschicke mit eigener Hand. Bezeichnenderweise fehlen im Porträt von Delatour explizite Hinweise auf den König als Quelle der Macht der Mätresse, wie sie Boucher Ende der 1740er-Jahre noch so offensichtlich eingesetzt hatte. Delatour geht dabei sogar so weit, die im Porträt gezeigten Kunstgegenstände zu verändern, wie ein erneuter Blick auf den Kupferstich eindrücklich zeigt: Lange Zeit hielt man ihn für eine von Pompadour selbst ausgeführte Arbeit, die unter dem Titel *Suite d'Estampes gravées par Madame la Marquise de*

Pompadour (Sammlung von Grafiken der Madame la Marquise de Pompadour) zusammen mit anderen Kupferstichen der Mätresse im Jahr 1755 veröffentlicht wurde. Eine Untersuchung, die der Louvre im Jahr 2001 vornehmen ließ, förderte jedoch einen Irrtum beim Titel zutage, der richtig *Traitée des pierres gravées* lautet. Die *Traitée* war eine am Hof sehr bekannte Sammlung von Stichen des Kupferstechers Pierre-Jean Mariette, von der sich auch zwei Ausgaben in Madame de Pompadours Bibliothek befanden.

Delatour zeigt in seinem Porträt nicht einen von Madame de Pompadour angefertigten Kupferstich, sondern die erste Seite der *Traitée*. Allerdings nimmt er eine ebenso entscheidende wie sprechende Änderung vor: Im Originalkupferstich von Mariette befindet sich rechts eine auffällige Büste von Ludwig XV., doch Delatour rückt den Stich so ins Bild, dass die Skulptur des Königs nicht mehr zu sehen ist. Doch damit nicht genug, fügt er stattdessen das im Original natürlich nicht vorhandene »Pompadour sculpsit« hinzu. An der Stelle Ludwigs XV. steht nun also die Signatur Madame de Pompadours. Das Porträt erweckt so auf subtile Weise den Eindruck, man habe es hier mit der eigentlichen Herrscherin Frankreichs zu tun.

Gleich hinter der aufgeschlagenen Mappe mit dem Kupferstich steht ein aufwendig verzierter Tischglobus. Es handelt sich hier um ein Objekt, wie man es häufiger auf Porträts von Herrschern oder Politikern finden kann. Gleichzeitig gibt dieses einen weiteren Hinweis auf Pompadours umfassende Förderung französischer Kultur und Wissenschaft: Im Jahr 1750 unterstützt die Mätresse das ambitionierte Forschungsprojekt des königlichen Geografen François Cassini, der an einer umfassenden Neukartografierung Frankreichs arbeitet.

Der Globus auf dem Schreibtisch hebt aus der beinahe unkenntlichen Landmasse Europas ein einziges Gebiet durch eine auffällige, königsblaue Umrandung deutlich hervor:

La France! Sicher, das ist zunächst der schlichte Hinweis auf den territorialen Bezug dieses Bildes. Und doch müssen wir uns den politischen und öffentlichen Kontext dazu denken, in dem dieses Porträt gezeigt wird. Dann wandelt sich das kleine Detail zur klaren Botschaft. Jetzt ruft uns die Mätresse zu: Seht her, dies ist mein Herrschaftsbereich.

Die Darstellung ist in ihrer eleganten Zurückhaltung kaum zu übertreffen, doch durch die Komposition des Bildes tritt Madame de Pompadour als Politikerin und Staatenlenkerin auf: Auf den ausdrücklichen Wunsch der Mätresse nimmt Maurice-Quentin Delatour im Bildaufbau Anleihe bei seinem Porträt des Präsidenten Rieux und damit bei einer Bildform, wie sie ab 1740 für Herrscher und Politiker in Mode kommt. Allein aufgrund der augenfälligen Verbindung mit dem bekannten Bild des Pariser Gerichtspräsidenten muss die Zielrichtung der Bildaussage allen gebildeten Ausstellungsbesucher.innen auch ohne Anschauung der Bilddetails sofort aufgefallen sein. Mitte des 18. Jahrhunderts ist es ein unerhörter Umstand, eine Frau derart mit Macht ausgestattet zu zeigen. Delatour übertreibt nicht mit seinem Bild: Zwischen 1750 und 1755 erobert Madame de Pompadour eine Machtposition wie nie zuvor irgendeine Mätresse am französischen Hof. Sie befindet sich im Zenit ihrer Laufbahn und wird ihre Machtstellung danach nie wieder so ungeschminkt darstellen können.

Die Botschaft des zweiten großen Porträts richtet sich deutlich an die neuen Machteliten in Frankreich, an die finanzstarken großbürgerlichen Kreise in Paris und an die aufgeklärten Adelskreise am Hof – also an jene, bei denen Madame de Pompadour Finanzierungshilfen für Steuerreform, Militärakademie und den Ausbau der Porzellanmanufaktur wie auch Unterstützung für ihre auf Frieden ausgerichtete Außenpolitik sucht. Das Porträt umwirbt vor allem diejenigen Kreise, die Madame de Pompadour im Kampf gegen die Kirchenpartei in Frankreich und damit gegen ihre erbitterten Gegner helfen können. Ihnen tritt sie als Ikone einer Reformbewegung entgegen, als Schutzherrin der Aufklärung und Heilsbringerin einer neuen, friedlichen, prosperierenden, besseren Welt.

Schaut man sich die Bücher an, die sich links vom Globus befinden, so besteht kein Zweifel daran, nach welchen Prämissen Madame de Pompadour politische Entscheidungen trifft: Sie sind so platziert, dass sie wie eine häufig genutzte Handbibliothek wirken. Die Auswahl ist sprechend und wirkt wie die Illustration von Pompadours politischem und kulturellem Programm: Es handelt sich um *La Henriade* von Voltaire, *De l'esprit des lois* (Vom Geist der Gesetze) von Montesquieu, den vierten Band der *Encyclopédie* von Diderot und d'Alembert sowie *Pastor fido* von Guarini. Die drei ersten haben mit ihren revolutionären Thesen zur Aufklärung dazu beigetragen, die Macht von Kirche und König zu brechen und damit weit über das 18. Jahrhundert hinaus gewirkt.

La Henriade, Voltaires aus dem Jahr 1728 stammendes, umfangreiches Lobgedicht auf den französischen König Heinrich IV. (1553–1610), stellt den berühmten Vorfahren Ludwigs XV. als umsichtigen Herrscher dar, der mit dem Edikt von Nantes, das den Protestanten in Frankreich die ungehinderte Ausübung ihrer Religion und die vollen Bürgerrechte gewährte, am 13. April 1598 einen Meilenstein in Sachen religiöser Toleranz setzte. Es gilt als Lehrbuch für den vorbildlichen Umgang eines Herrschers mit seinen Untertanen und mit neuen Bewegungen in der Gesellschaft und wird von einigen seiner Zeitgenoss.innen als eines der größten Werke der Epoche angesehen. Die erste Ausgabe der *Henriade* erschien 1723, als der junge König Ludwig XV. mit 13 Jahren seine Volljährigkeit erreichte. Dieser ersten Ausgabe war ein

Kupferstich vorangestellt, auf dem Heinrich IV. seinen Nachfahren Ludwig umarmt. In einem späteren Gedicht bezeichnet Voltaire Ludwig XV. als »Mon Henri IV«, mein Heinrich IV.

Pompadour ist mit Voltaire gut befreundet, sie unterstützt ihn auch gegenüber Ludwig XV., der den gewandten Schriftsteller, trotz des an prominenter Stelle geäußerten Lobes, nicht sonderlich schätzt. Immer wieder tritt sie selbst in Stücken des Autors auf, als jung verheiratete Frau in ihrem ersten eigenen Theater in Schloss Etiolles in *Zaïre* oder später in ihrem Versailler Theater vor dem König in *L'enfant prodigue* oder *Alzire*.

Ebenso wie die Schriften Voltaires fördert Madame de Pompadour auch die Arbeit Montesquieus, Diderots und d'Alemberts, denen sie häufig finanzielle Unterstützung zukommen lässt. Sie trifft die Schriftsteller regelmäßig zu angeregten Diskussionen in den Räumen ihres Leibarztes Dr. Quesnay in Versailles.

Montesquieus Buch *De l'esprit des lois*, erstmals 1748 im liberalen Genf erschienen, ist das politische Standardwerk zu den neuen Theorien der Aufklärung. Der Verfasser orientiert sich in seiner wegweisenden Schrift am Wirken des preußischen Königs Friedrich II., einem Herrscher, den Ende der 1740er-Jahre viele Bürgerliche und Adlige in Frankreich noch als Vorreiter einer neuen, besseren Art zu herrschen bewundern. Im Porträt ist der dritte Band der zweiten Ausgabe von 1749 abgebildet, die in insgesamt vier Bänden in Amsterdam veröffentlicht wurde. Interessanterweise handelt es sich dabei um den Band, in dem Montesquieu eine Position entwickelte, die von einer echten Gleichheit der Geschlechter ausgeht. Die Quintessenz dieses Buches besagt nicht nur, dass Frauen den Männern intellektuell ebenbürtig sind, sondern dass sie sogar in einem erheblichen Maße zur Zivilisierung von Gesellschaften beitragen können. 1751, genau zu dem Zeitpunkt, als Delatour die schleppenden Arbeiten am Porträt wieder aufnimmt, wird *De l'esprit des lois* auf Betreiben der katholischen Kirche in Frankreich offiziell verboten. Ein Schicksal, das dieses wirkmächtige Buch mit einem weiteren Buch teilt, das sich auf Pompadours Schreibtisch befindet.

Es handelt sich um die zwischen 1751 und 1772 herausgegebene *Encyclopédie*, das erste umfassende Lexikon und ein Meisterwerk der Aufklärung, mit dem französische Philosophen wie Denis Diderot und Jean Le Rond d'Alembert die herrschende Weltordnung nachhaltig auf den Kopf stellen sollten. Anders als heutige Lexika bietet die *Encyclopédie* zu jedem Stichwort ausführliche Artikel. Die kirchliche Partei in Frankreich und damit die erbitterten Widersacher von Madame de Pompadour und ihren liberalen Ansichten, läuft Sturm gegen das in ihren Augen gotteslästerliche Projekt. Am 7. Februar 1752 werden die bis dahin erschienenen ersten beiden Bände in Frankreich verboten. Französische Kirchenmänner wettern von ihren Kanzeln gegen die *Encyclopédie*, die ihnen schon allein wegen der alphabetischen Anordnung der Begriffe als Teufelswerk gilt. In einer Zeit strenger Ständehierarchien erscheint es ihnen als unerhört und unvorstellbar, dass die Reihenfolge der Begriffe nicht durch die Bedeutung und Wichtigkeit, sondern durch den zufälligen Platz im Alphabet diktiert werden soll. Delatour zeigt den vierten Band der *Encyclopédie*, der erst 1754 kurz vor der Fertigstellung des Porträts veröffentlicht wird. Schaut man sich die ersten Einträge in diesem Band an, wird deutlich, dass auch diese Wahl kein Zufall ist: »Conseil« (Rat), »Conseiller« (Ratgeber) und »Conseiller du Roi« (Berater des Königs) umreißen treffend die Rolle, in der sich Madame de Pompadour in der Mitte der 1750er-Jahre am französischen Hof sieht: als Beraterin des Königs, die ihre Entscheidungen im Geist der Aufklärung trifft und als gute und umsichtige Politikerin Kunst und neue philosophische Strömungen fördert.

Mit feinem Gespür für politische Veränderungen richtet sich die Mätresse mit ihrem zweiten Porträt an jene bürgerlichen und aufgeklärten Kreise, die immer mehr Einfluss gewinnen und schließlich mit der Französischen Revolution von 1789 die Macht in Frankreich übernehmen werden. Zu ihren Ansichten will sie, so scheint es, Ludwig XV. zum Wohle Frankreichs und zu seinem persönlichen Ruhm bekehren.

Gleichzeitig wirbt sie mit dem Gemälde um Rückendeckung für den politisch schwer angeschlagenen König. Auch er erscheint im milden Licht seiner im Geiste der Aufklärung herrschenden Mätresse als umsichtiger Herrscher, der alles für das Wohlergehen seines Landes unternimmt. Folgerichtig verbirgt sich im letzten der vier Bücher auf dem Schreibtisch ein Hinweis auf den König und die loyale, tiefe Freundschaft, die ihn mit Madame de Pompadour verbindet.

Die bei Hofe wohlbekannte tragikomische Pastorale *Pastor fido* aus dem Jahr 1590 erzählt von einem Hirten – einem Synonym für Gott wie für den König – und einer Nymphe – eine Rolle, in der Madame de Pompadour mehrfach brillierte. Ihre Liebe zueinander wird von Priestern bedroht, doch durch die unverrückbare Treue des Hirten gerettet.

Was sich uns heute nur anhand vieler Informationen und einer sorgfältigen Bildbetrachtung erschließt, war für die Zeitgenossen Madame de Pompadours schnell erkennbar. In einer Gesellschaft, die fast ausschließlich durch Anspielungen und Allegorien miteinander kommunizierte, muss dieses Porträt sofort gewirkt haben. Man sah in Delatours Gemälde nicht einfach irgendeine Hofdame inmitten einer pastellfarbenen Rokoko-Dekoration, sondern eine umsichtige Staatslenkerin, weitblickende Strategin, Wohltäterin und Förderin der Künste, die ihrem Land zu Wohlstand verhilft. Ein derart selbstbewusstes Auftreten ist für eine Frau und Mätresse im 18. Jahrhundert unerhört. Der Schlag, den die Pompadour mit diesem neuen Image führt, ist tiefgreifend. Sie stellt sich nicht nur als zur Machtausübung berechtigt dar, sondern deutet mit den Mitteln der Kunst die informelle Stellung der Mätresse in ein offizielles Amt um:

Wenn Madame de Pompadour schon nicht der Herrscher höchstpersönlich sein kann, sagt das Porträt, so haben wir es hier doch wenigstens mit Frankreichs unersetzlicher Premierministerin zu tun!

Die für die Zeit skandalöse Bildaussage lässt erahnen, wie sehr das Porträt als propagandistischer Befreiungsschlag aus dem moralischen Würgegriff der Kirchenpartei gemeint ist. Kaum verwunderlich, dass die Mätresse so ungeduldig an dem schleppend voranschreitenden Projekt festhält. Ihre Entscheidung, diesmal nicht ihren Lieblingsmaler François Boucher zu beauftragen, sondern den berühmten Pastellmaler Maurice-Quentin Delatour, weist in die gleiche Richtung.

Delatour ist zum Zeitpunkt der Auftragsvergabe der neue Star unter den französischen Künstlern. Seine intensiv leuchtenden Pastellgemälde finden in Paris und Versailles reißenden Absatz. Vor allem kann er die Kunstgattung »Porträt« mit der nötigen Durchschlagkraft versehen – eine Gattung, die seit Ende der 1740er-Jahre ins Fadenkreuz der sich formierenden bürgerlichen Kunstkritik gerät.

Um 1750 beginnen Kunstkritiker in Frankreich unter der Führung von Etienne La Font de Saint-Yenne, einem der vielen Großbürger, die einen administrativen Adelstitel führen, einen erbitterten Kampf gegen die Gattung des Porträts, dessen Rolle als Machtdemonstration sie sehr wohl erkennen. Ihr Ziel ist es, die Hierarchie der Bildgattungen zugunsten des Historienbildes zu verschieben und das Porträt zur unbedeutenden, banalen Kunstgattung zu degradieren. Vermittelt über die Kunst nehmen die bürgerlichen Kunstkritiker damit vor allem die von Ständegesellschaft und kirchlichem Weltbild geprägten Herrschaftsverhältnisse ins Visier. Im Porträt, der bevorzugten Bildgattung absolutistischer Herrscher und ihrer mächtigen Höflinge, soll niemand mehr machtpolitisch relevante Aussagen treffen können. Die bürgerlichen Kunstkritiker bezeichnen das Porträt als unwahr. Es diene höchstens noch dazu, der Eitelkeit der oft weiblichen Modelle zu schmeicheln und die Künstler zu reichen Männern zu machen.[11]

Zu den wenigen Malern, die Gnade vor den strengen Augen der neuen Kunstkritik erlangen, gehört Maurice-Quentin Delatour. Durch seine Urheberschaft, so hofft Madame de Pompadour, wird ihr zweites Porträt trotz seiner skandalösen Aussage bei der öffentlichen Präsentation wohlwollend aufgenommen werden.

Im Herbst 1755 kann sie das großformatige Bildnis endlich in der großen Herbstausstellung der offiziellen Künstlervereinigung, des *Salon der Académie française*, im Louvre der Öffentlichkeit präsentieren. Wie immer am 25. August, öffnet die vielbeachtete Schau im Louvre ihre Tore wieder für jeden korrekt gekleideten Besucher.innen. Der Salon, bei dem nur Akademiemitglieder ihre Werke ausstellen dürfen, findet alle zwei Jahre im Louvre statt und bedeutet für die teilnehmenden Künstler eine große Ehre und die einzige Möglichkeit, ihre Arbeit einem großen Publikum vorzustellen. In den überfüllten Ausstellungsräumen tummelt sich zu diesem Anlass ein bunt gemischtes Publikum aus Höflingen, Adligen, Kunstkritikern und Pariser Bürger.innen. Die Kunstwerke werden bestaunt und begeistert kommentiert.[12] Völlig überraschend wird die Schau zum Debakel: Die Reaktionen der Kritiker sind vernichtend. Niemand greift die ambitionierte Bildaussage positiv auf, viele ignorieren das Gemälde einfach und schreiben gar nichts dazu. Ein Kritiker urteilt pikiert, der Künstler habe hier wohl ein Frauenporträt mit dem Bild eines Philosophen verwechselt. Andere bemängeln belanglose Details wie die angeblich wenig anmutige Frisur der Mätresse.[13] Sie verweisen Madame de Pompadour damit auf ihren vermeintlich angestammten Platz als eitle, oberflächliche Frau.

Man kann sich lebhaft vorstellen, wie groß die Enttäuschung auf Seiten der Dargestellten gewesen sein muss. Die langen Jahre des Wartens, der Geduld: alles umsonst! Sie hat auf das falsche Pferd gesetzt, das Bild ist für ihre Zwecke unbrauchbar. Es ist nicht überliefert, wo sie das Porträt von Delatour schließlich aufhängen lässt. Sicher hat sie es nicht für ihre offiziellen Räume in Versailles verwendet. Vielmehr beauftragt sie sofort François Boucher mit der Anfertigung eines dritten großen Porträts, das ihren Image-Anforderungen, so hofft sie, besser entsprechen würde.

Wie immer kann sie sich auf ihren Haus- und Hofmaler verlassen: Nach Delatours Scheitern benötigt Boucher knapp zwei Jahre für das neue Porträt. Am 25. August 1757 kann Madame de Pompadour der staunenden Öffentlichkeit ihre dritte große Selbstdarstellung in der alle zwei Jahre stattfindenden Salonausstellung im Louvre vorführen.

Anmerkungen Kapitel 2:

Anm.1: Raunie, Emile: Chansonier Historique du XVIIIe siècle, unveränderter Nachdruck der Ausgabe von 1882, Bd. VII, Osnabrück, 1972, S. 52 f., Übersetzung A. Weisbrod
Anm. 2: Raunie und Falques (auch »Fauques«), Marie Anne Agnès: Die Geschichte der Marquisin von Pompadour, London, 1759
Anm. 3. Poulet-Malassis, Auguste (Hg.): Correspondance de Madame de Pompadour avec son père M. Poisson et son frère M. de Vandièrs, Paris, 1878, S. 74 f., Übersetzung A. Weisbrod
Anm. 4: ebd.
Anm. 5: ebd., S. 70, Übersetzung A. Weisbrod
Anm. 6: Dade, Eva Kathrin: Madame de Pompadour. Die Mätresse und die Diplomatie, Köln, 2010, S. 156, Brief des Grafen von Kaunitz an den persönlichen Sekretär Maria Theresias, Baron von Koch, 11. Dezember 1750
Anm. 7: ebd., S. 133, Brief des Grafen of Scotland an Friedrich II, 3. Dezember 1751
Anm. 8: ebd., S. 119, diese Annahme wird zwischen 1750 und 1753 mehrfach in Briefen zwischen dem Grafen von Albermarle, dem britischen Staatssekretär Newcastle und dem Diplomaten Sir Joseph Yorke geäußert
Anm. 9: Méjanès, Jean-François: Maurice-Quentin Delatour. La Marquise de Pompadour, Musée du Louvre, Paris, 2002, S. 42, Übersetzung A. Weisbrod
Anm. 10: ebd., S. 43; Übersetzung A. Weisbrod
Anm. 11: Salmon, Xavier, et al.: Madame de Pompadour et les arts, Paris, 2002, S. 17 ff., und Locquin, Jean: La lutte des critiques d'art contre les portraitistes au XIIIe siècle, in: Mélanges offerts à M. Henry Lemonnier, Paris, 1913, S. 312 ff.
Anm. 12: Sandt, Udolpho van de: La fréquentation des Salons sous l'Ancien Régime, in: Revue de l'art, 73/1986, S. 43–48
Anm. 13: Goncourt, Jules und Edmond de: L'art du dix-huitième siècle, 2 Bände., Paris, 1873–1874, Bd. 1, S. 302

Kapitel 3

Viel Lärm um ein paar Schleifen

François Boucher:
Bildnis der Marquise de Pompadour (1756)
Öl auf Leinwand, 201 x 157 cm
Bayerische Staatsgemäldesammlungen –
Alte Pinakothek, München

Das prachtvolle Porträt aus dem Jahr 1756 *Bildnis der Marquise de Pompadour*, heute in der Pinakothek in München zu bewundern, zeigt, mit welch beeindruckender Geschwindigkeit die Mätresse auf negative Publicity zu reagieren vermag. Nach der verheerenden Präsentation des Delatour-Bildes stellt François Boucher, an den der Auftrag erneut ergangen war, die Mätresse wesentlich subtiler, aber ebenso machtvoll dar wie zuvor. Denn obgleich die Salon-Kritiker ungehalten auf die ungeschminkte Machtdemonstration des Porträts von Delatour reagierten, hatte sich am Einfluss der Mätresse nichts geändert. Im Gegenteil, ihre Macht schien mit jedem Jahr zu wachsen, ihre Stellung gänzlich unangreifbar zu werden: Am 17. Oktober 1752 hatte der französische König seine Mätresse in den Rang einer Herzogin erhoben und damit die Hierarchien am Hof erneut durcheinandergewirbelt.

Als Herzogin de Ménars steigt die bürgerlich geborene Pompadour endgültig in die handverlesene Riege der ranghöchsten Adeligen am Königshof auf. Über ihr stehen fortan nur noch die Mitglieder der Königsfamilie und die sogenannten Prinzen und Prinzessinnen von Geblüt, das heißt Adlige, die mit dem Königsgeschlecht direkt verwandt sind. Alle anderen müssen sich tief vor ihr verneigen und bei offiziellen Anlässen stehen.

Am 7. Februar 1756 überrascht der König seine Untertanen erneut: Madame de Pompadour wird zur außerordentlichen Hofdame der Königin ernannt und erhält damit ein offizielles Amt, das ihren Aufenthalt in Versailles unabhängig von Ludwig XV. legitimiert. Zum Haushalt der Königin gehörten bis dato zwölf Hofdamen, von denen immer nur vier gleichzeitig im Dienst waren. Ihre Aufgabe bestand darin, die Königin zu begleiten und zu unterhalten. Sie wechselten sich im Wochenrhythmus ab. Bedarf für eine zusätzliche Begleiterin gab es in den Augen der Königin und ihres Umfeldes nicht.

Doch der König schafft Tatsachen, und nun existiert eine 13. Palastdame mit Namen Madame de Pompadour. Ihre einzige Aufgabe liegt darin, die Hofdamen bei Krankheit oder Abwesenheit zu vertreten. Am 8. Februar findet die offizielle Vorstellung statt, einen Tag später tritt die Mätresse ihren ersten Dienst bei der Königin an. Um die empörten Gemüter zu beruhigen, lässt sich der König die Legitimation seiner Mätresse, wie schon elf Jahre zuvor bei ihrer offiziellen Vorstellung am Hof, einiges kosten: Er übernimmt, selten genug in ihrer insgesamt 43 Jahre dauernden Ehe, Marie Leszczyńskas umfangreiche Schulden in Höhe von 120 000 Livres und verleiht auf Betreiben seiner Mätresse wichtige Orden an die Männer zweier Hofdamen der Königin.

Schon allein Madame de Pompadours offizielles Hofamt hätte François Boucher genug Stoff für das neue Porträt liefern können, doch ihrer überraschenden Ernennung zur Hofdame waren weitreichende politische Veränderungen auf europäischer Ebene vorangegangen, an denen sie maßgeblich mitgewirkt hat. Madame de Pompadour ist um 1755 zur engsten politischen Beraterin des Königs aufgestiegen. An den anderen europäischen Fürstenhöfen ist man sich inzwischen darüber im Klaren, dass kein Weg mehr an ihr vorbeiführt. So benennt Friedrich II. die Mätresse namentlich auf einer Liste mit den wichtigsten Persönlichkeiten am Hof, die er seinem Botschafter mit nach Versailles gibt. Der preußische König hat sich nicht getäuscht: Schon bald berichtet ihm der Botschafter, dass die Minister die Mätresse noch vor dem König über alle Angelegenheiten informieren und dass selbst Ludwig XV. sie beständig zu Rate zieht.

Auch der englische Außenminister ist sich sicher, dass »das Schicksal dieser Dame« früher oder später darüber entscheiden wird, welche Rolle Frankreich in Europa spielt.[1] Eine klare Einschätzung, die auch der österreichische Gesandte Starhemberg teilt, als er im Frühjahr 1755 vom Wiener Hof damit beauftragt wird, die Lage in Versailles bezüglich eines Bündnisses mit Österreich zu sondieren. Vom österreichischen Außenminister Kaunitz, der die Mätresse aus seiner Zeit als Botschafter in Versailles persönlich kennt, erhält Starhemberg zwei Schreiben gleichen Inhalts: Das eine ist für den Prinzen de Conti, der als enger Freund des Königs ebenfalls über eine erhebliche Machtstellung am französischen Hof verfügt; das andere ist für Madame de Pompadour bestimmt. Starhemberg soll selbst entscheiden, wessen Einfluss er bei eventuellen Bündnisverhandlungen für größer hält und nur dieser Person das Schreiben des österreichischen Hofs übergeben. Der Botschafter setzt auf die Mätresse und überreicht ihr Kaunitz' Schreiben zusammen mit einem versiegelten Brief von Kaiserin Maria Theresia an Ludwig XV. Madame de Pompadour nimmt ihre Rolle als Vermittlerin in dieser wichtigen politischen Angelegenheit wie immer mit Begeisterung an. Sie informiert Ludwig über den österreichischen Vorstoß und übergibt ihm das Schreiben der Kaiserin. Der König bittet sie, ein erstes heimliches Treffen mit Starhemberg zu arrangieren. Außer Madame de Pompadour soll nur der Abbé de Bernis an den ersten Sondierungsgesprächen teilnehmen, ein enger Vertrauter und Protegé der mächtigen Mätresse, der bis 1755 als französischer Gesandter in Venedig tätig war. Zum Zeitpunkt des österreichischen Vorstoßes hält er sich gerade in Paris auf, wo er die Instruktionen für seinen neuen Posten als Gesandter am spanischen Hof entgegennehmen soll. Gemeinsam mit Madame de Pompadour beschließt Ludwig, ihn mit den Verhandlungen zu beauftragen. Seine Abreise nach Madrid wird zunächst verschoben, später ganz aufgegeben. Anfang September 1755 findet das erste Treffen zwischen Starhemberg, Bernis und der Mätresse in einem kleinen Pavillon namens Brimborion im Park von Pompadours Schloss

Bellevue statt. Ab November 1755 werden einige Minister, die zu Madame de Pompadours Kreis gehören, in die schnell voranschreitenden Verhandlungen einbezogen, erstaunlicherweise, ohne dass etwas von dem sich anbahnenden politischen Erdbeben in die Öffentlichkeit gedrungen wäre.

Bis in die Mitte der 1750er-Jahre hatte man Österreich und England als die klassischen französischen Gegner im europäischen Mächtespiel betrachtet. Regelmäßig kämpften Frankreich und Österreich, ob im Dreißigjährigen Krieg (1618–1648) oder im österreichischen Erbfolgekrieg (1740–1748) um die Vorherrschaft in Europa. Zum selben Zeitpunkt traten auch die unterschwelligen Spannungen mit England immer unübersehbarer zu Tage und mündeten ab 1754 in einen offenen Krieg um die nordamerikanischen Kolonien. Zu Frankreichs klassischen Bündnispartnern gehörte neben Polen, Schweden und dem Osmanischen Reich auch das erstarkende Königreich Preußen. Diese Allianz richtete sich gegen Österreich, England und Russland. Doch Friedrich II. erweist sich schon bald als unsicherer Bündnispartner, der am 16. Januar 1756 in der Konvention von Westminster sogar ein Abkommen mit England eingeht.

In der Folge wird am 1. Mai 1756 das neue Bündnis zwischen Frankreich und Österreich mit dem 1. Versailler Vertrag besiegelt, der zunächst einen Nichtangriffspakt zwischen Frankreich und Österreich vorsieht und die gegenseitige Bereitstellung von 24 000 Soldaten im Falle, dass einer der beiden Vertragspartner angegriffen werden sollte.

Im Juni 1756 werden die ausländischen Botschafter am französischen Hof über den Vertragsabschluss informiert. Ein politischer Donnerschlag, der auch in Frankreich stark kritisiert wird. Besonders die Vertreter der sogenannten »Parti devot« (Partei der Gläubigen) machen Stimmung gegen den Vertrag. Angeführt von Pompadours Erzfeind im Staatsrat, Kriegsminister d'Argenson, sehen sie mit der Umkehrung der Bündnisse den Untergang Frankreichs besiegelt, und es sieht bald so aus, als sollten sie Recht behalten: Friedrich II. zögert nicht lange. Anstatt einen Angriff Österreichs abzuwarten, marschiert er mit seinen Truppen Ende August 1756 in Sachsen ein. Der Siebenjährige Krieg beginnt.

Währenddessen arbeitet der österreichische Botschafter Starhemberg auf eine Erweiterung des Bündnisvertrages hin. Er umwirbt Madame de Pompadour und berichtet von regelmäßigen geheimen Treffen mit ihr. Bald schon zeigen seine Bemühungen Erfolg: Im Mai 1757 wird unter intensiver Beteiligung Madame de Pompadours der 2. Versailler Vertrag unterzeichnet. Frankreich wird dadurch umfassend in die österreichischen Kriegshandlungen eingebunden. Ludwig XV. muss Österreich 130 000 Soldaten und 12 Millionen Gulden zur Verfügung stellen und kämpfen, bis das von Preußen besetzte Schlesien für die Habsburger zurückerobert ist. Im Gegenzug soll Frankreich nach Kriegsende die Herrschaft über einige Städte in den österreichischen Niederlanden erhalten, die es neun Jahre zuvor im Frieden von Aachen an Österreich zurückgegeben hatte.

Im Rückblick muss man sich fragen, was die Franzosen zur Unterzeichnung eines derart unvorteilhaften Vertrages bewegt haben mag, zumal sich der Siebenjährige Krieg als langwierig und äußerst verlustreich erweisen sollte. Als die Friedensverträge im Jahr 1763 endlich unterzeichnet werden, hat Frankreich seine gesamten Kolonien in Nordamerika verloren, sitzt auf einem riesigen Schuldenberg und sieht sich mit der Tatsache konfrontiert, dass neben England Preußen unaufhaltsam zur zweiten Großmacht in Europa aufsteigt. Im Sommer 1756 sind die desaströsen Folgen des Vertrages zwischen Frankreich und Österreich noch nicht abzusehen. Madame de Pompadour hält mit ihrer Zufriedenheit nicht hinterm Berg, zumal sie sich als wesentliche Beteiligte in der Angelegenheit sieht. Am 7. September 1756 schreibt sie an Wenzel Anton Graf Kaunitz-Rietberg, der inzwischen von seinem Posten als Botschafter in Versailles als Kanzler nach Wien gewechselt ist: »Es verschafft mir eine außerordentliche Befriedigung, Monsieur, Ihnen zum gelungenen Vertragsabschluss zwischen der Kaiserin und dem König zu gratulieren. Ich bin gänzlich gerührt über die Gerechtigkeit, die beide Hoheiten mir zollen und die Güte, derer sie mich teilhaftig werden lassen.«[2]

Jetzt fehlt nur noch ein angemessenes Kunstwerk zu ihrem Glück. Boucher arbeitet mit Hochdruck an ihrem neuen Porträt, das in der nächsten Salonausstellung im Sommer 1757 der Öffentlichkeit ihren umfassenden Einfluss auf elegante Weise zeigen soll. Doch die Mätresse schätzt die Lage völlig falsch ein: Trotz ihrer Überzeugung, Frankreich mit der Umkehrung der Bündnisse nur Gutes getan zu haben, wird Ludwigs durch verlustreiche Kriege und Steuerdebakel ohnehin beschädigtes Ansehen durch den neuen Vertrag weiter angeschlagen. Innenpolitisch gerät er immer mehr unter Druck. Die Zeiten, da er als charismatischer Führer galt, sind lange vorbei. Man hält ihn für manipulierbar, selbst im Staatsrat äußert er selten direkt seine Meinung, seine politischen Entscheidungen scheinen ausschließlich von seiner Mätresse diktiert zu sein. Nach der Kirche lassen sich ab 1756 auch die französischen Parlamente auf eine direkte Konfrontation mit ihm ein. Aus dem Streit um neue Steuergesetze und den Einfluss der Parlamente auf die personellen Entscheidungen der Kirche entsteht rasch ein umfassender Machtkampf, der die Gemüter im ganzen Land bewegt. Die Parlamente ignorieren die ausdrücklichen Befehle des Königs. Ludwig steht als willensschwacher Herrscher da, der nicht mehr in der Lage ist, seine politischen Vorstellungen durchzusetzen. Der Konflikt spaltet das gesamte Land.

Anfang 1757 weilt der Hof für einige Tage in Schloss Trianon bei Versailles. Am 5. Januar beschließt Ludwig, nachmittags auf einen kurzen Besuch bei seiner Tochter Victoire vorbeizuschauen, die mit einem Schnupfen in Versailles im Bett liegt. Als er nach der Stippvisite zusammen mit dem Thronfolger wieder in seine Kutsche steigen will, spürt er einen Schlag in den Rücken. Hinter ihm steht ein fremder Mann mit einem Messer. Es ist der arbeitslose Dienstbote Robert-François Damiens, der später unter schwerer Folter zugibt, dem Parlament nahezustehen, ohne dass ihm eine konkrete Verbindung zu einem der aufrührerischen Magistrate hätte nachgewiesen werden können.

Als Ludwig seine Hand von der getroffenen Stelle zurückzieht, ist sie voller Blut. Bei den Umstehenden bricht Panik aus. Der König kehrt in seine eigenen Gemächer im Schloss zurück. Er ist in der Lage, selbst zu gehen, und gibt Anweisung, den Angreifer zu verhaften, aber am Leben zu lassen. Obwohl die herbeigerufenen Ärzte nur eine oberflächliche Fleischwunde diagnostizieren, bleibt zunächst die größte Sorge, dass der Angreifer ein Messer mit vergifteter Klinge benutzt haben könnte. Die kurz zuvor noch ausgestorbenen Gänge von Versailles füllen sich innerhalb weniger Stunden mit wahren Menschenmassen, die, manche ängstlich, andere freudig, über das Schicksal des Monarchen und vor allem ihre eigene Zukunft spekulieren. Einige Höflinge wenden sich schon dem achtundzwanzigjährigen Thronfolger zu, der gelassen abwartet, bereit, eventuell in kurzer Zeit der neue französische König zu sein.

Madame de Pompadour zieht sich in ihre Wohnung im Schloss zurück. Ludwig XV. ist für seine engste Vertraute nicht mehr zu sprechen. Vielmehr liegt er leidend im Bett, denkt panisch über sein sündiges Leben nach und lässt außer seiner engsten Familie, den Ärzten und seinem Beichtvater niemanden zu sich. In der Überzeugung, seine letzte Stunde sei gekommen, bittet er die Königin und seine Kinder um Verzeihung für sein skandalöses Leben. Madame de Pompadours Verbannung scheint unmittelbar bevorzustehen. Man tuschelt in den Gängen des Schlosses über ihre Vorgängerin, die Herzogin de Châteauroux, die auf Betreiben der königlichen Beichtväter direkt vom Krankenlager des Königs in die Verbannung geschickt worden war. Madame de Pompadours Versuch, über ihren Bruder Abel mit dem König Kontakt aufzunehmen, scheitert. Er wird vom Thronfolger an der Tür zu den königlichen Gemächern kalt abgewiesen. Der König überreicht Pompadours Gegner d'Argenson die Schlüssel zum Schrank mit den Geheimpapieren. Der Kriegsminister, im Triumph seines vermeintlichen Sieges über die Mätresse, beauftragt ihren Vertrauten Machault d'Arnouville, ihr die Abreise nahezulegen. Der Staatssekretär, wohl in der Hoffnung, selbst im Amt bleiben zu können, agiert gegenüber seiner alten Gönnerin so geschickt, dass Madame de Pompadour umgehend anfängt, ihre Koffer zu packen.

Im letzten Moment überzeugen sie ihre engsten Freunde, darunter der Abbé Bernis und die Herzogin de Mirepoix, noch abzuwarten, bis sie vom König persönlich von ihrer Verbannung erfährt. Ein kluger Rat, der Madame de Pompadour in diesen dramatischen Stunden den Kopf retten wird: Als Ludwig XV. nach über einer Woche endlich einsieht, dass er dieses Mal doch noch nicht sterben wird, hängt er sich einen Mantel um, befiehlt dem Thronfolger, ihn alleine zu lassen und steigt, gestützt auf einen Stock, die Wendeltreppe zu Madame de Pompadours Gemächern hinab. Danach geht alles ganz schnell. Der König, unendlich froh darüber, am

Leben zu sein, nimmt das gewohnte Leben mit seiner Mätresse wieder auf.

Als die dunklen Wolken aufreißen, scheint Pompadours Stern heller zu strahlen als je zuvor. Am 1. Februar 1757 erhält ein ahnungsloser Untertan ein kurzes Schreiben des Königs: Der Markgraf d'Argenson, Kriegsminister im Staatsrat, wird mit sofortiger Wirkung vom französischen Hof verbannt. Mit ihm muss sein Kollege Machault, wankelmütiger Günstling der Mätresse, seinen Hut nehmen. Auch er verlässt den Hof noch am selben Tag. Um Pompadours Triumph in diesem Frühjahr zu vollenden, wird im Juni auch noch ihr Freund Bernis zum französischen Außenminister ernannt.

Der Zeitpunkt, der Öffentlichkeit ihr zweites Porträt zu präsentieren, könnte damit besser nicht sein. Boucher liefert das lebensgroße Gemälde pünktlich zur Salonausstellung von 1757, die am 25. August im Louvre wieder ihre Tore öffnet. Anders als der nervenschwache Delatour, der für die Fertigstellung seines Bildes mehr als sechs Jahre benötigt hatte, erfüllt der gewandte François Boucher seinen Auftrag vergleichsweise schnell und mit Bravour. Den staunenden Ausstellungsbesuchern enthüllt er ein prachtvolles und aufwändiges Gemälde, das schon allein durch seine Größe von 2,01 x 1,57 Metern seiner mächtigen Auftraggeberin Rechnung trägt. Dieses Mal scheint sich bei der Präsentation für Madame de Pompadour alles bestens zu entwickeln. Als würde Geschichte eigens für die Marquise geschrieben, schlagen die französischen Truppen unter Führung des Marschalls d'Estrées am 26. Juli die Engländer in der Schlacht bei Hastenbeck und erobern das britische Hannover. Ein strategisch wichtiger Schachzug, da die Stadt den französischen Truppen den Weg bis nach Berlin öffnet. Die Dinge wenden sich damit für Frankreich zum ersten Mal seit Beginn des

Siebenjährigen Krieges ins Positive, die Rückgabe ehemals französischer Besitzungen in den österreichischen Niederlanden scheint in greifbare Nähe gerückt. Praktischerweise erreicht die gute Nachricht den Hof unmittelbar vor der Eröffnung der Ausstellung.

Madame de Pompadour kann sich erneut als Wohltäterin Frankreichs feiern lassen. Ihr Porträt wird im Salon dementsprechend präsentiert: Es steht auf einer Staffelei in der Mitte des größten Ausstellungssaals unter einem kostbaren Baldachin.

Die immense Bedeutung der darauf gezeigten Person muss jedem Besucher schon allein damit sofort augenfällig werden. Trotzdem verzichtet das Porträt auf den ersten Blick auf jegliche offensichtliche Machtdemonstration, wie sie Delatour in seinem Gemälde von 1755 noch so verschwenderisch eingesetzt hatte. Weder lehnt sich das Bildnis in seinem Aufbau an das Porträt eines wichtigen Staatsmannes an, noch gibt es eindeutig zu lesende Bilddetails wie den Globus mit der blau umrandeten Silhouette Frankreichs oder die Aufschrift »Pompadour sculpsit«. Bei näherem Hinsehen erweist sich das Bild von François Boucher jedoch als ebenso klare Zurschaustellung von Macht wie das vorangegangene.

Wie immer findet sich Madame de Pompadours Wappen, sozusagen als Berechtigungsnachweis für ihren Aufenthalt in der höfischen Welt, dieses Mal gleich an zwei Stellen im Bild: Ein in rotes Leder gebundenes Buch, das sich am rechten unteren Bildrand unter dem kleinen Tisch befindet, zeigt das Wappen mit den drei Türmen leicht verschattet auf dem Buchdeckel. Zusätzlich befindet sich ein von Blättern und Rosen umrankter einzelner Turm auf dem oberen Teil des gut bestückten vergoldeten Bücherschranks, der auf dem Spiegel im Hintergrund zu sehen ist. Die vielen Bücher, deren Titel in der Spiegelung nicht zu lesen sind, verweisen auf die umfassende Bildung der Mätresse, in deren persönlicher Bibliothek sich mehrere tausend Bücher befinden. Am linken unteren Bildrand rufen Notenblätter, Kupferstiche, Zeichenstift und Gravierwerkzeuge die Rolle der Mätresse sowohl als Amateurkünstlerin als auch als Kunstförderin in Erinnerung. Neben den Notenblättern sitzt, leicht zu übersehen, Pompadours schwarze King Charles-Hündin Mimi als Symbol der Treue und Zuverlässigkeit ihrer Herrin. Am rechten Bildrand steht ein zierlicher Schreibtisch mit weiteren Büchern, einem zum Versiegeln gefalteten Brief, Kerze, Siegellack und Siegelring. In seiner geöffneten Schublade sind Federkiel, Tinte und ein Schwamm zum Löschen überflüssiger Tinte verstaut. Am oberen Bildrand steht auf einem reich verzierten Bücherschrank eine prachtvolle Uhr, an die sich nachlässig ein pummeliger Amor lehnt.

Madame de Pompadour selbst liegt wie hingegossen und bildbeherrschend auf einer mit hell gestreiften Kissen belegten Ottomane, die sich in den großzügigen Faltenwürfen der gelben Taftvorhänge farblich fortsetzt, durch das ausladende Kleid jedoch fast völlig verborgen ist. Das türkis schillernde, über und über mit Rosen und mit Spitzenärmeln geschmückte Taftkleid der Marquise ist über der Brust mit üppigen creme- und rosafarbenen Schleifen verschlossen. Wie immer zeigt die Mätresse ihre zierlich übereinandergelegten Füße, die in eleganten, hochhackigen Seidenschuhen stecken und ihre von Perlenschnüren umschlungenen, schmalen Handgelenke. Ihr zartes Gesicht strahlt frisch unter dem modisch grau gepuderten Haar, obwohl die Mätresse mit ihren 36 Jahren bei der Ausstellung des Gemäldes in den Augen ihrer Zeitgenossen schon als alte Frau gegolten haben muss. Wie der Spiegel enthüllt, ist die mit Wildröschen besetzte, scheinbar schlichte Frisur am Hinterkopf durch verschlungene Zöpfe aufwändig gestaltet.

Das Gemälde wurde offenbar kurz vor der Salonausstellung an den seitlichen und oberen Bildrändern vergrößert, damit die genannten Details (Kupferstiche und Noten, Uhr mit Amor, Schreibtisch) und die beiden kostbaren goldgelben Vorhänge noch hinzugefügt werden konnten. Wie immer auf den Pompadour-Bildern sprechen sie auch hier für sich.

Schon mit den seitlich aufgezogenen Vorhängen macht der Künstler auf den ersten Blick deutlich, dass man es hier mit einer mächtigen Persönlichkeit zu tun hat, da solche Vorhänge zu den üblichen Bestandteilen von Herrscherporträts gehören. Dazu führt er uns die Mätresse als bedeutende Mäzenin vor. Die durch Kupferstiche und Noten evozierte Kunstförderung der Mätresse ist im Jahr 1757 legendär und trägt in erheblichem Maße zu ihrer Imagepflege bei. Anders als Delatour, der sie mit Instrumenten, Noten und Kunstwerken 1755 noch prominent in Szene setzt, muss Boucher auf diese Rolle im Jahr 1757 bildlich nur noch anspielen, um beim Publikum das gewünschte Image abzurufen, wie die folgende Salon-Kritik aus der Zeitung *Mercure de France* zeigt: »Die Bücher, die Zeichnungen und die anderen Bestandteile des Bildes belegen die Vorliebe der Madame la Marquise de Pompadour für die Wissenschaften und für die schönen Künste, die sie liebt, die sie fördert und deren Studium sie manch nützlichen Moment zu widmen weiß.«[3]

Die Bedeutung des kleinen Amors, hinter dem sich eine Anspielung auf die Mätresse und den König verbirgt, erschließt sich im August 1757 hingegen wahrscheinlich nur einigen Eingeweihten, während das breite Publikum erst zwei Jahre später die überraschende Wandlung ihrer Beziehung von Liebe zu Freundschaft in zwei Skulpturen des Bildhauers Jean-Baptiste Pigalle und zwei weiteren Porträts von François Boucher bestaunen kann. Der zierliche Schreibtisch, der so unauffällig und in seiner Unordnung wenig repräsentativ am rechten Bildrand auftaucht, bezieht sich demgegenüber ganz direkt und eindeutig auf ein zentrales Machtmittel, dessen sich die Mätresse geradezu meisterhaft zu bedienen versteht: Briefe.

Madame de Pompadour führt eine rege Korrespondenz mit Freund.innen, Familienmitgliedern, Angehörigen anderer Höfe, Politikern und Botschaftern. An manchen Tagen verfasst sie bis zu 60 Briefe, meist auf kleinformatigem Briefpapier mit Goldschnitt. Die Briefe sind ohne Jahresangabe nur mit Tag und Monat datiert und verzichten auf eine abschließende Höflichkeitsfloskel. Wenn sie mit den Adressat.innen bekannt ist, unterzeichnet sie die Briefe nicht, sondern versiegelt sie nur mit ihrem Wappen aus den drei Türmen. Leider gibt es außer einer im 19. Jahrhundert veröffentlichten Ausgabe mit Briefen der Mätresse an ihren Bruder Abel, ihren Vater François Poisson und den französischen Botschafter in Wien, Choiseul, bisher kein Buch, das es unternimmt, die verstreute Korrespondenz zusammenzufassen. Unzählige Briefe schlummern unveröffentlicht in europäischen Archiven. Doch selbst die verhältnismäßig wenigen bekannten Briefe geben einen guten Einblick in die subtilen Kommunikationsstrategien der Marquise und helfen dabei, sie klar von den vielen Fälschungen zu unterscheiden, die seit dem 18. Jahrhundert im Umlauf sind. Madame de Pompadour ist in ihren zumeist kurzen Briefen immer äußerst diskret. Als genaue Kennerin der höfischen Abläufe ist ihr klar, dass Indiskretion schnell zum Verlust der eigenen Position führen kann.

In zwei Briefen vom Dezember 1749 und Januar 1750 gibt sie ihrem Bruder Abel für seine Reise durch Italien folgende Handlungsanweisungen mit auf den Weg:

»Was ich Ihnen vor allem empfehle, ist die allergrößte Höflichkeit und eine ebensolche Diskretion.«

»Ich bin sicher, dass es über alle Herrscher, die Sie treffen werden, nur das Allerbeste zu berichten geben wird, aber, da man nie vorsichtig genug sein kann, wenn es um Könige und ihre Familien geht, falls Ihnen eine lächerliche Idee durch den Kopf schießen sollte, was in Ihrem Alter anzunehmen ist, hüten Sie sich, jemals davon in einem Brief zu schreiben, egal, an wen der Brief gerichtet ist, selbst nicht an mich. Denn Sie können sich sicher leicht denken, dass die Briefe des Bruders der Madame de Pompadour in Turin geöffnet werden.«[4]

Als ihr Bruder sie später nach einem nicht näher präzisierten Gerücht über Madame de Pompadour befragt, belehrt sie ihn im März 1750 weiter über die Funktionsweisen der höfischen Kommunikation:

»Glauben Sie nur ja nicht, dass die Höflinge es je wagen würden, gegenüber dem König anderes als Belanglosigkeiten zu äußern und schon gar nicht, wenn es um meine Person geht.«[5]

Trotz solcher Briefstellen, die leicht erkennen lassen, was einen echten Brief von Madame de Pompadour ausmacht, zirkuliert seit dem Jahr 1999 die unkommentierte Wiederauflage einer umfangreichen Ausgabe mit gefälschten Pompadour-Briefen, die vom aktuellen Herausgeber Hans Pleschinski als authentische Briefe der Mätresse dargestellt werden. Erstmals erschienen sind diese Fälschungen im Jahr 1772 in London unter dem Titel *Lettres de Madame la Marquise de Pompadour, depuis 1742 jusqu'à 1762* (Briefe der Madame la Marquise de Pompadour von 1742 bis 1762). Der ursprüngliche Herausgeber und Verfasser François Barbé de Marbois war mit seiner Fälschung so erfolgreich, dass er 1772 gleich noch einen Band mit fingierten »Antworten« auf die Pompadour-Briefe (*Lettres et Réponses écrites à Madame la marquise de Pompadour*) und 1774 eine zweite, erweiterte Ausgabe der gefälschten Pompadour-Briefe auf den Markt bringen konnte (*Lettres de Madame la marquise de Pompadour, nouvelle édition augmentée*).[6]

In den gefälschten Briefen äußert sich Madame de Pompadour in geradezu lächerlich leichtsinniger Weise über alles und jeden. So schreibt sie angeblich an die Gräfin de Baschi: »Der König geht mit ihr (der Königin, A.W.) stets um wie ein Ehrenmann mit einer Frau umgeht, die er achtet; er ist von ihrer Tugend beeindruckt, und ich glaube, daß er sie, falls er sie überleben wird, aufrichtig betrauern wird. Soll ich Ihnen noch mitteilen, was Sie bereits wissen, nämlich daß der Dauphin mich nicht mag?«[7]

Anlässlich des bevorstehenden Friedensabschlusses, den der Fälscher Barbé-Marbois anstatt historisch korrekt im Jahr 1763 in einem angeblichen Brief an die Gräfin de Baschi kurzerhand ins Jahr 1762 vorverlegt, lässt er Madame de Pompadour sagen: »O was für Zeiten! Hätte ich je geglaubt, lange genug zu leben, um sehen zu müssen, wie aus *Ludwig dem Vielgeliebten* ein Gegenstand des Mitleids wird, dem ein hochfahrender Sieger den Frieden wie eine Gnade zugesteht? Ein Soldat, der im letzten Krieg unter dem Marschall von Sachsen diente, antwortete eines Tages Fremden, die ihn nach seiner Heimat fragten: *Ich habe die Ehre, Franzose zu sein.* Wer würde das heute noch zu sagen wagen?«[8]

Solche unbedachten Sätze wären im 18. Jahrhundert dem Hochverrat gleichgekommen.

Dass die Marquise, wenn sie solche leichtsinnigen Bemerkungen tatsächlich schriftlich gegenüber Höflingen geäußert hätte, niemals lange in ihrer Position geblieben wäre, hat die Verkäufe der gefälschten Briefe von Barbé-Marbois weder im 18. noch im 21. Jahrhundert behindert. Der lang anhaltende kommerzielle Erfolg solcher plumpen Machwerke ist allerdings nicht weiter verwunderlich, denn Madame de

Pompadour war schon zu Lebzeiten Legende. Zudem gehörten Briefe im 18. Jahrhundert zu den wichtigsten Kommunikationsmitteln – ärgerlich ist nur die Hartnäckigkeit, mit der sie bis in die Gegenwart als echt vertrieben werden.

Das Briefeschreiben gehört tatsächlich zu den täglichen Aufgaben der Mätresse. Sie schreibt ihre Briefe nicht zu einer festen Tageszeit, das hätte ihre Teilnahme an den Aktivitäten des Königs auch nicht zugelassen, sondern wann immer sich die Zeit bietet, was bedeutet, dass sie ihre Briefe meist nachts verfasst, wenn der König sich schon zurückgezogen hat. Ihre Briefe umfassen selten mehr als eine Seite, oft bestehen sie nur aus wenigen Zeilen. Die kurzen Schreiben wirken häufig beiläufig, was jedoch keineswegs zutrifft, wie man bei genauerer Lektüre schnell feststellen kann. Vielmehr stehen sie in einer höfischen Tradition des Briefeschreibens, in der die »Négligence«, also die scheinbare Nachlässigkeit, zu höchster Kunstfertigkeit getrieben wird. Briefe sind ein wesentlicher Bestandteil der höfischen Kommunikation, die sich durch eine vermeintlich spontane geistreiche Konversation und vor allem eine Uneigentlichkeit der Sprache auszeichnet. Madame de Pompadour hat diese Kommunikationsform in ihren fast zwanzig Jahren bei Hofe zu höchster Meisterschaft gebracht. Zur Verdeutlichung des Begriffs »Uneigentlichkeit« mag eine Anekdote dienen, die der französische Politiker und Schriftsteller Saint-Simon aus der Regierungszeit von Ludwigs Vorgänger, dem »Sonnenkönig« genannten Ludwig XIV. berichtet.

Um sich dem Militärdienst zu entziehen, hatte Saint-Simon dem König gesundheitliche Gründe angegeben, ein Täuschungsmanöver, das der Sonnenkönig schnell durchschaute und sehr übel nahm, wie er einem anderen Adligen gegenüber scheinbar beiläufig fallen ließ. Wie Norbert Elias in seiner Untersuchung zur Höfischen Gesellschaft beschreibt, ging »Saint-Simon kurz darauf zum ersten Mal wieder zum

Coucher des Königs. Nun trug dabei immer ein Geistlicher einen besonderen Armleuchter, obwohl das Zimmer hell erleuchtet war. Der König bezeichnete jeweils einen der Anwesenden, dem dieser diensthabende Geistliche den Armleuchter zu übergeben hatte. ›Man zog‹, sagte St.-Simon, ›seinen Handschuh aus, trat vor, hielt den Leuchter während der Augenblicke, wo der König sich niederlegte, und gab ihn dann dem ersten Kammerdiener zurück.‹ St.-Simon war begreiflicherweise sehr erstaunt, als der König an diesem Abend, trotzdem er den Dienst bei der Armee aufgegeben hatte, ihn für das Halten des Armleuchters benannte. ›Der König‹, bemerkte St.-Simon dazu, ›tat dies, weil er gegen mich gereizt war, und es nicht merken lassen wollte. Aber das war auch alles, was ich während dreier Jahre von ihm erhielt. Während dieser Zeit benützte er jede kleine Gelegenheit, mir seine Ungnade zu zeigen. Er sprach nicht mit mir, sah mich nur wie zufällig an, sagte mir auch kein Wort über meinen Austritt aus der Armee.‹«[9]

Der Sonnenkönig liefert hier ein Paradebeispiel uneigentlicher höfischer Kommunikation. Vordergründig scheint er den Herzog auszuzeichnen, eigentlich bestraft er ihn aber für sein Verhalten und führt ihm dies durch die einmalige Auszeichnung und die darauf folgende ausbleibende Aufmerksamkeit überdeutlich vor Augen.

Wie die kleine Anekdote eindrücklich zeigt, befand sich der höfische Mensch quasi ununterbrochen auf einer Bühne. In jedem Moment musste ein Adliger bereit sein, sich darzustellen. Jede Geste, jedes scheinbar leicht hingeworfene Wort wollte gewählt und platziert sein.

Dies trifft, wie uns der zurückgezogene Vorhang in Bouchers Gemälde nahelegt, auch auf Madame de Pompadour zu. Eifersüchtig beobachtet von den anderen, beurteilt vom König und den Ministern, muss sie ihr Inneres sorgfältig verbergen, darf sie sich nie auch die kleinste gedankenlose Spontaneität erlauben oder die Dinge unverblümt beim Namen nennen. In ihrer Korrespondenz, so spontan die Schreiben auch wirken mögen, finden sich viele Beispiele für eine Art der uneigentlichen Kommunikation, die wie ein filigranes Kunstwerk erst in ihren Anspielungen und Andeutungen ihre ganze Wirkmächtigkeit entfaltet. Dies zeigt auch ein längerer Brief der Mätresse an ihren Bruder Abel. Der Anlass war die Rückkehr der Königstöchter Sophie und Louise aus der Klosterschule Fontrevault, wo sie ihre Kindheit verbracht hatten, nach Versailles im Jahr 1750: »Die Prinzessinnen Sophie und Louise sind gestern hier eingetroffen; der König ist ihnen gemeinsam mit dem Thronfolger und Prinzessin Victoire entgegengekommen; mir wurde die Ehre erwiesen, ihr zu folgen. Um Ihnen die Wahrheit zu gestehen, es gibt nichts Rührenderes als diese Treffen; die Zärtlichkeit, die der König für seine Kinder empfindet, ist ganz und gar unglaublich und sie erwidern selbige von ganzem Herzen.

Prinzessin Sophie ist beinahe ebenso groß wie ich, gut gebaut, üppig, einen schönen Hals, wohlgestaltet, eine schöne Haut und ebensolche Augen, im Profil gleicht sie dem König wie ein Ei dem anderen; im Gesicht weniger, denn sie hat keinen schönen Mund; trotzdem ist sie eine schöne Prinzessin. Prinzessin Louise ist sehr groß, kaum entwickelt, die Gestalt eher unregelmäßig als wohlgestaltet, mit feinen Gesichtszügen, die sehr viel anziehender sind, als wenn sie schön wären. Wir wurden heute alle vorgestellt.«[10]

Die scheinbar harmlose Beschreibung des Wiedersehens zwischen Ludwig XV. und seinen Töchtern entpuppt sich bei näherer Betrachtung als eine sorgfältig inszenierte Machtdemonstration. Der Brief suggeriert nämlich, Madame de Pompadour habe sich so nah an den Ereignissen befunden, dass sie in der Lage gewesen sei, das Aussehen der beiden

Prinzessinnen bis ins Detail zu schildern. Selbst die Form von Augen und Mund sowie die Beschaffenheit der Haut kann sie beurteilen. Zudem, und dies ist weitaus bemerkenswerter, fährt die Mätresse in einer Kutsche direkt hinter Prinzessin Victoire, wie sie mit dem kurzen Satz »ich hatte die Ehre, ihr zu folgen« deutlich macht, also dort, wo sich eigentlich die Kutsche der nicht anwesenden Königin hätte befinden müssen. Ihre informelle Stellung als Mätresse wird damit kurzerhand in eine offizielle umgedeutet und zwar in die höchste höfische Position, die eine Frau in Frankreich innehaben kann. Bezeichnenderweise schickt sie die für ihre Verhältnisse ausführliche Schilderung an ihren Bruder Abel nach Italien, der sich dort 1750 auf Bildungsreise befindet. Um sich auf sein künftiges Amt als Oberintendant der königlichen Bauwerke vorzubereiten, besucht Abel verschiedene italienische Fürstenhöfe und erzählt dort natürlich auch von den Details aus dem Leben des Königs, die ihm seine Schwester berichtet. Briefe wie der oben zitierte mussten die Bedeutung von Madame de Pompadours Stellung damit auch an ausländischen Höfen bekannt werden lassen. Ein wichtiger Umstand, der im Verlauf der 1750er-Jahre dazu führt, dass immer mehr Herrscher ihre Botschafter anweisen, Madame de Pompadour in jede Kontaktaufnahme mit dem König einzubeziehen.

Nach und nach gehen alle an den König gerichteten Schreiben zuerst durch die Hände seiner Mätresse. Sie überreicht dem Herrscher die Briefe, die Minister legen ihr ihre Anliegen vor, teilweise bevor sie dem König im Staatsrat unterbreitet werden. Am 20. Mai 1756 versichert der österreichische Gesandte Starhemberg seinem Außenminister, Madame de Pompadour habe ihm versprochen, den König darüber zu informieren, was er gesagt habe. Im Jahr 1760 berichtet der englische Botschafter Yorke, dass man sie inzwischen über alles informieren müsse.

Der Schlüssel zu dieser übermächtigen Rolle Madame de Pompadours als Vermittlerin liegt in ihrer exklusiven Nähe zum französischen König, die wie schon in den vorherigen Gemälden durch das bildbeherrschende Tageskleid symbolisiert wird. Tageskleider, die sich wie eine Art Mantel bequem über einem mehr oder minder reich verzierten Unterkleid schließen ließen, waren am französischen Hof in den 1740er- und 1750er-Jahren sehr in Mode. Getragen werden durften sie gemäß den strengen Kleidervorschriften des Hofs, die das Aussehen der Kleider bis hin zu Farbe, Ärmelform, Spitzenbesatz und Rockweite festlegten, allerdings nur bei inoffiziellen, quasi privaten Anlässen. Für alle öffentlichen Veranstaltungen schrieb das Hofprotokoll prächtige Hofroben mit weit auskragenden Seitenteilen und steifen, panzerartigen Brustteilen vor.

Mit ihrem üppigen Tageskleid, das die Augen des Betrachters geradezu hypnotisch auf sich zieht, lässt die Mätresse im Jahr 1757 die Privatheit als absolute Quelle ihrer Macht so zentral in Szene setzen wie nie zuvor. Folgt man der klassischen westlichen Vorgehensweise, ein Bild von links nach rechts zu lesen, lässt sich in Bouchers Gemälde eine interessante Bildaussage dechiffrieren: Madame de Pompadour hat sich in ihren frühen Jahren der Kunstförderung, symbolisiert durch Noten und Kupferstiche am linken Bildrand, bedient, um ihre Position auszubauen. In den 1750er-Jahren findet sie jedoch mit dem Brief, auf den sie sich bildlich gelesen rechts im Porträt stützt, ein weit effektiveres Machtmittel. Mit ihrer weitreichenden Korrespondenz und ihrer Rolle als unumgängliche Vermittlerin der Schriftstücke zwischen Höflingen, ausländischen Diplomaten und dem König besetzt sie eine Schlüsselstelle am Hof. Selbst die Mächtigsten verneigen sich vor ihr.

Ende 1758 erhält Madame de Pompadour von Österreich als Anerkennung für ihre Unterstützung bei den Bündnisverhandlungen ein vergoldetes Schreibpult, das mit einem diamantgeschmückten Porträt der Kaiserin verziert ist. Ludwig XV. erlaubt ihr, ein Dankesschreiben an Maria Theresia zu verfassen. Im Bewusstsein der außerordentlichen Ehre, die dieses Geschenk und vor allem die Erlaubnis, brieflich darauf zu antworten, bedeutet, schreibt Madame de Pompadour im Januar 1759 an Maria Theresia:

»Madame, darf ich hoffen, dass Ihre Kaiserliche Hoheit die Güte haben, meine demütige Dankbarkeit und den Ausdruck meiner respektvollsten Anerkennung für das wunderbare Porträt entgegenzunehmen. Wenn man, Madame, um ein solch kostbares Geschenk zu erhalten, nur zutiefst von begeisterter Bewunderung für die betörende Anmut und die heldenhaften Tugenden Ihrer Kaiserlichen Hoheit erfüllt sein müsste, niemand könnte seiner würdiger sein als ich.«[11]

Das Bildnis von 1757 setzt die weitreichende Bedeutung des Briefes für Madame de Pompadours Position meisterlich in Szene. Im Gewand einer prachtvollen Rokokodarstellung liefert der Künstler eine subtile Demonstration von Madame de Pompadours Omnipräsenz am französischen Hof. In den Augen der Mätresse muss das neue Porträt weitaus besser für ihre Imagezwecke getaugt haben als das gescheiterte Unternehmen von Maurice-Quentin Delatour, denn sie lässt gleich mehrere Kopien des Gemäldes anfertigen. Trotzdem bleibt Madame de Pompadour der angestrebte letzte Erfolg verwehrt. Zwar wird das Porträt bei der Salonausstellung von mehreren Kritikern in den höchsten Tönen gelobt, doch handelt es sich dabei ausschließlich um Artikel, die in königstreuen Blättern wie dem *Mercure de France* veröffentlicht werden. Die bürgerlichen Kritiker als wichtiges Sprachrohr der aufstrebenden neuen Machteliten, die Madame de Pompadour schon mit dem Delatour-Gemälde hatte umwerben lassen, erreicht sie mit ihrem neuen Bildnis nicht.

Der einzige Beitrag aus dem bürgerlichen Lager, diesmal publiziert von Friedrich Melchior Grimm in seiner bekannten *Correspondance littéraire*, ist wie auch schon bei Delatours Bild negativ, ja, setzt man ihn ins Verhältnis zu dem von Künstler und Auftraggeberin betriebenen Aufwand, schlicht vernichtend. Bei der *literarischen Korrespondenz* handelt es sich um eine Art Newsletter, dem auch bekannte Aufklärer.innen wie Denis Diderot oder Madame d'Epinay Beiträge liefern und den Grimm alle zwei Wochen europaweit verschickt. Der Kreis der Empfänger, denen die *Correspondance* regelmäßig per Post geschickt wird, ist zwar klein, dafür aber umso erlesener. Unter anderem gehören Friedrich II. von Preußen und die russische Zarin Katharina die Große zu den Abonnent.innen. Es wäre demnach für Madame de Pompadour in Sachen Imagepflege ein großer Triumph gewesen, wenn sie mit ihrem neuen Porträt die Meinung des einflussreichen *Correspondance*-Herausgebers für sich hätte gewinnen können. Grimm macht sich jedoch gar nicht erst die Mühe, wie es seine Kollegen vom *Mercure* noch unternommen hatten, Bilddetails zu entschlüsseln und in ihrer Subtilität zu würdigen oder sich lobend über die mächtige Position der Dargestellten auszulassen. Vielmehr zerlegt er das Bild mit einem einzigen Satz:

»Es ist so überladen mit Ornamenten, Bommeln und jeder Art von Flitterkram, dass es allen Leuten von Geschmack in den Augen wehtun muss.«[12]

Anmerkungen Kapitel 3:

Anm. 1: Dade, Eva Kathrin: Madame de Pompadour. Die Mätresse und die Diplomatie, Köln, 2010, S. 117
Anm. 2: ebd., S. 173
Anm. 3: Salmon, Xavier, et al.: Madame de Pompadour et les arts, Paris, 2002, S. 148
Anm. 4: Poulet-Malassis, Auguste (Hg.): Correspondance de Madame de Pompadour avec son père M. Poisson et son frère M. de Vandièrs, Paris, 1878, S. 30 f., Übersetzung A. Weisbrod
Anm. 5: Poulet-Malassis, S. 40 f., Übersetzung A. Weisbrod
Anm. 6: Die aktuelle Wiederauflage der gefälschten Briefe wurde mit einem umfassenden Vorwort von Hans Pleschinski versehen, der diese Briefe als echt darstellt. Siehe dazu: Andrea Weisbrod, Die pralle Schönheit der Fälschungen, in: taz, die Tageszeitung, 6. Mai 2000
Anm. 7: Pleschinski, Hans: Ich werde niemals vergessen, Sie zärtlich zu lieben. Madame de Pompadour. Briefe, München, 1999, S. 306
Anm. 8: Pleschinski, S. 303
Anm. 9: Elias, Norbert: Die Höfische Gesellschaft, 6. Auflage, Frankfurt am Main, 1992, S. 136
Anm. 10: Poulet-Malassis, S. 72 f., Übersetzung A. Weisbrod
Anm. 11: Dade, S. 175
Anm. 12: Grimm, Friedrich Melchior: Correspondance littéraire philosophique et critique adressé à un souverain d'Allemagne, Paris, 1813, Bd. 2, S. 254

Kapitel 4

Schöne Grüße von Rousseau

François Boucher:
Madame de Pompadour im Freien sitzend (1758)
Öl auf Leinwand, 52,4 x 57,8 cm

Die Ablehnung des bürgerlichen Kritikers Friedrich Melchior Grimm ist ein herber Schlag für Madame de Pompadour. Wie ernst die Mätresse seine Abwertung nimmt, zeigt die Eile, mit der sie ihr nächstes Porträt anfertigen lässt: Erneut geht der Auftrag an François Boucher, der nach der Salonausstellung von 1757 nur einige Monate benötigt, um das neue Gemälde zu liefern.

Leider fehlen nähere Informationen zur Geschichte oder dem Bestimmungsort des Bildes *Madame de Pompadour im Freien sitzend*, das sich heute im Londoner Victoria and Albert Museum befindet. So ist weder bekannt, ob das Bildnis im Salon von 1759 gezeigt wurde, noch, ob es in Madame de Pompadours Räumen in Versailles hing oder in mehreren Kopien als Geschenk für wichtige Persönlichkeiten des Hofes bestimmt war. Letzteres wird durch das kleinere Format des Porträts nahegelegt, das sich für eine schnelle Vervielfältigung anbietet. Doch das Bild selbst birgt wie immer genug Hinweise, um den Stellenwert zu entschlüsseln, den es für Madame de Pompadour bezüglich einer tragfähigen Inszenierung besessen haben muss.

Im Vergleich zu den anderen Porträts ist das neue Gemälde auffällig schlicht. Machtsymbole, wie sie von Boucher und Delatour mit prächtigem Dekor, Globen, Bücherschränken, Kunstwerken oder durch den Bildaufbau so meisterlich in Szene gesetzt worden sind, scheinen bei *Madame de Pompadour im Freien sitzend* vollständig zu fehlen. Zum ersten Mal begegnen wir der Mätresse in der freien Natur. Sie hat sich zum ungestörten Lesen an einen ruhigen Ort im Wald zurückgezogen. Gewandet in ein für ihre Verhältnisse einfaches Kleid, ruht sie seitlich aufgestützt auf einer bemoosten Bank, ihr linker Arm liegt auf zwei zerlesenen Büchern, die durch weitere abgegriffene Bücher gestützt werden, im Schoß hält sie ein aufgeschlagenes Buch. Ihr schmuckloses, kaum gepudertes Haar ist im Nacken zu einem Zopf gebunden. Als einzige Dekoration schlingt sich ein schimmerndes Perlenarmband um ihr rechtes Handgelenk, das seinen visuellen Widerhall in den zweireihigen Perlenschnüren findet, von denen die bauschigen Ärmel des silbergrauen Taftkleides auf der Höhe der Ellbogen zusammengehalten werden. Auch der gewohnt tiefe Ausschnitt ist züchtig verborgen. Madame de Pompadour trägt hier zum ersten und einzigen Mal eine hochgeschlossene Robe. Es handelt sich wiederum um ein Tageskleid, das mit seinen schmalen Schleifen über der Brust und seiner dezenten Farbigkeit eher an ein schlichtes Männerhemd erinnert, wie es Adlige und Angehörige des Großbürgertums unter Westen oder Überröcken zu tragen pflegten.

Die Szene scheint nicht in einem durch die Hand eines Gärtners streng geordneten Schlosspark zu spielen, sondern verborgen in einem unberührten Wald. Im Bildhintergrund sind wild wachsende Bäume und dichtes Unterholz zu sehen, gedämpftes Licht taucht, ausgehend von der leuchtenden Figur, die Szenerie in einen grünlichen Schimmer. Als zarte Barriere zwischen der Figur und der Natur ranken sich Rosen links neben dem Kleid bis zu Madame de Pompadours Schulter empor. Zwischen den Ästen der Bäume flattern kleine Vögel mit ausgebreiteten Flügeln und gefiederten Schwänzen, die im diffusen Farbspiel der Blätter kaum auszumachen sind. Links oben geben die Bäume den Blick auf ein Stück Himmel frei, an dem sich schwarze Wolken zu einem drohenden Unwetter zusammenballen. Wie auf den vorangegangenen Gemälden von François Boucher und Maurice-Quentin Delatour hat Madame de Pompadour die Lektüre unterbrochen, zwei Seiten des Buches hält sie zum Markieren der gerade gelesenen Stelle mit einer uns wohlvertrauten Geste fest und schaut nach rechts, als würde sie intensiv über das gerade Gelesene nachdenken.

Auffälligerweise übernimmt François Boucher exakt den Bildaufbau des letzten Porträts, das Friedrich Melchior Grimm im Salon von 1757 so harsch kritisiert hatte – jedoch nur, um die wesentlichen Teile des vorangegangenen Gemäldes stark zu verändern: Er versetzt Madame de Pompadour in eine unberührte Naturlandschaft, lässt sie ihren linken Arm anstatt auf weiche Seidenkissen auf abgenutzte Bücher stützen, verzichtet auf jeglichen Haarschmuck, tauscht das prachtvoll verzierte Kleid gegen eine schlichte Robe und versteckt ihre hohen Absätze unter dem Rocksaum, unter dem nur noch die Spitzen relativ dezenter Schnallenschuhe hervorlugen. Schließlich entfernt er das auffällige, kreisförmig aufgetragene Rouge zugunsten eines hellen Teints mit natürlicher Rötung der Wangen, der in seiner Blässe geradezu aus sich heraus leuchtet und damit den Kopf der Porträtierten zum spirituellen Mittelpunkt des Gemäldes werden lässt.

Die kunstvoll geschmückte Hofdame des früheren Porträts von Boucher macht einer schlichten, naturverbundenen Figur Platz, die direkt auf ein neues Frauenbild der Epoche Bezug zu nehmen scheint, wie es sich um 1750 in literarischen Großprojekten der Aufklärung immer stärker herausbildet. Als wäre es eine persönliche Werbebotschaft an bürgerliche Kritiker wie Friedrich Melchior Grimm oder den für seine scharfe Feder gefürchteten Etienne La Font de Saint-Yenne, die mit ihren Salon-Kritiken maßgeblich zur weiten Verbreitung eben dieses neuen Frauenbildes beitragen, spielt *Madame de Pompadour im Freien sitzend* dessen Quintessenz wie ein Stück aus dem Lehrbuch nach.

Frauen geraten um 1750 immer stärker in den Fokus der führenden Philosophen. »Die Frau« gehört zu den führenden Themen, zu denen die meisten Aufklärer wenigstens einen

Beitrag verfassen. Dazu, wie die Natur der Frau beschaffen sei und vor allem, wie sie zu sein habe, äußern sich die meisten vehement und ohne Widerspruch zu dulden. Dabei wird das Bild der neuen Frau aufgrund der hohen Verbreitung von ambitionierten Projekten wie der *Encyclopédie* oder den Schriften Jean-Jacques Rousseaus so wirkmächtig, dass es die gesamte Gesellschaft prägt und schließlich umwälzt. Selbst adlige Frauen fangen in der Folge an, ihre Kinder selbst zu stillen. Fröhlich tauschen sie ihre starren Korsetts gegen leichte, griechisch anmutende Gewänder, belassen ihr lose aufgestecktes Haar ungepudert in seinen natürlichen Farben und bemerken zu spät, dass sie auf ganz »natürliche« Weise auch noch den letzten Rest Einfluss verlieren und in der aufkommenden Welt des Bürgertums vollständig auf den privaten Rahmen des Hauses begrenzt werden.

Das umfangreiche Lexikon, das unter dem Titel *Encyclopédie ou Dictionnaire raisonné des sciences, des arts et des métiers* (Enzyklopädie oder kritisches Wörterbuch der Wissenschaften, der Kunst und des Handwerks) von den Hauptherausgebern Diderot und d'Alembert ab 1751 veröffentlicht wird, entwickelt sich dabei rasch zum Herzstück der Aufklärung. Obwohl die politischen Machthaber zunächst das Erscheinen der einzelnen Bände mit Druckverboten zu erschweren versuchen, lässt sich das ambitionierte Projekt, einmal aus der Taufe gehoben, nicht mehr verhindern. Bis 1772 erscheinen neunzehn Bände, die das Weltbild der höfischen Gesellschaft von Grund auf ändern und die strikt von christlichen Vorstellungen bestimmte französische Gesellschaft in eine Geburtsstätte der Aufklärung und großer gesellschaftspolitischer Umbrüche verwandeln, die schließlich in die Französische Revolution münden.

Ein längerer Beitrag des bürgerlichen Schriftstellers und Dramatikers Desmahis zur *Encyclopédie* ist in Gänze dem neuen Frauenbild gewidmet.[1] Desmahis beginnt seinen Artikel mit einigen Überlegungen zur überwiegenden Gleichheit zwischen Mann und Frau, die er in der anatomischen Ähnlichkeit zwischen Mann und Frau gegeben sieht und formuliert damit eine Ansicht, die von der mächtigen Mätresse des französischen Königs wahrscheinlich jederzeit unterschrieben worden wäre. Ob Madame de Pompadour allerdings auch Desmahis' weitere Überlegungen geteilt hat, muss stark in Zweifel gezogen werden, denn mit der sich ähnelnden Anatomie endet die Gleichheit zwischen den Geschlechtern für den Verfasser des Lexikonartikels auch schon. Frauen würden sich durch einen angeborenen Hang zur mangelnden Sorgfalt auszeichnen, der sich so bei Männern nicht finde. Die Charakterschwäche der Frau könne nur durch eine sorgfältige Erziehung ausgeschaltet oder, so hofft der Autor des Artikels weiter, zumindest verbessert werden. Die Seele der Frau bedürfe unbedingt einer strengen Ausbildung im Zeichen von Vernunft und Gefühl, denn sie sei unstet wie ein Spiegel, der gleichermaßen Gutes wie Böses reflektiere. Da Frauen zudem den Männern körperlich zwar ähnlich, letztlich aber trotzdem unterlegen seien, könnten sie weder verallgemeinern noch abstrahieren. Die Frau bleibe stets im konkret Anschaulichen verhaftet und bedürfe des vernünftigen Mannes, um ihre angeborene Schwäche zu neutralisieren. Nur der Mann könne den weiblichen Charakter dazu befähigen, seine von der Natur bestimmte Aufgabe zu erfüllen, gemeinsam mit dem Mann die Familie als Kernzelle einer gesunden Gesellschaft zu bilden.

Die *Encyclopédie* ist nur ein prominentes Beispiel unter vielen. Ab 1750 wird die Debatte um Charakter und Bestimmung der Frau immer vehementer geführt. Aufklärer wie der Schriftsteller Bordier de Villemert, der 1758 mit seinem Buch *Ami des Femmes* (Der Frauenfreund) ein viel beachtetes Werk abliefert, prangern die Faulheit der Frauen ebenso an wie ihre Eitelkeit und ihre Gier nach Luxus und oberflächlichen Schönheitssymbolen wie Rouge, Puder oder Schönheitspflästerchen. Bordier ist überzeugt: »Die Vorstellungswelt der Frau speist sich ohne Unterlass aus nichtigen Details, Schmuck, Kleidern. Ihre Köpfe sind mit so vielen Farben angefüllt, dass kein Platz mehr für die Dinge bleibt, die echte Aufmerksamkeit verdienen würden. Ihr Geist streift kaum die Oberfläche dessen, was wesentlich ist und hält sich lieber beieinem hübschen Faltenwurf auf.«[2] Der *Frauenfreund* befindet sich damit in unmittelbarer Nähe zu den Überlegungen Jean-Jacques Rousseaus, der in seinen weitverbreiteten Schriften zu ähnlichen Ergebnissen wie Bordier oder Desmahis gelangt und dem ebenfalls ein maßgeblicher Anteil an der Ausformulierung des neuen Frauenbildes zugeschrieben werden muss. Besonders seine große Abhandlung *Emile ou de l'éducation* (Emile oder über die Erziehung), bis heute untrennbar mit einer positiven Vorstellung von »natürlicher« Erziehung verbunden, trägt in hohem Maße zur Ausbildung des neuen, aufgeklärten Frauenbildes bei. Anders als für den Enzyklopädisten Demahis ist für Rousseau alles »Natürliche« von vornherein positiv besetzt. In dieser Logik ist für ihn die »Natur« der Frau nichts, das durch aufgeklärte Erziehung überwunden werden müsste. Vielmehr sollen die »natürlichen Charaktereigenschaften« der Frau von einer vernünftigen Erziehung aufgegriffen, sinnvoll begrenzt und kultiviert werden. Derart veredelt könne die Frau ihre von der Natur bestimmte Aufgabe erfüllen, dem Mann eine liebende Gefährtin zu sein und seine Kinder im Licht der Vernunft aufzuziehen. In den Augen Rousseaus sind Mann und Frau höchst unterschiedlich, da sie sich nur so, bezogen auf das gemeinsame Ganze, ideal ergänzen können. Den Geschlechtern werden verschiedene gesellschaftliche Bereiche und selbstredend unterschiedliche Tätigkeiten zugeordnet.

Das Lernen sei der Frau absolut fremd, sofern es sich nicht um naturgegebene, weibliche Tätigkeiten wie das Nähen oder die Gobelinstickerei handele. Rousseau versieht seinen literarischen Entwurf einer Idealfrau sogar mit einem Namen: Als »Sophie« erschafft er sie seinem literarischen Sohn »Emile« zur perfekten Gefährtin. Sophie, so erläutert Rousseau im fünften und letzten Band des *Emile*, sei schlicht gekleidet, liebe die Handarbeit und verachte das Lesen und die damit verbundene Bildung ebenso wie hochhackige Schuhe. Sophie kenne ihre natürlichen Grenzen. Als Frau würde sie weder Bücher schreiben wollen noch eine politische Rolle beanspruchen.

Es ist kein Zufall, dass Rousseau ausgerechnet den Absatzschuh als Symbol für weibliche Eitelkeit hervorhebt. Wie Erika Thiel in ihrem Standardwerk zur Entwicklung der Mode im 18. Jahrhundert nachweist, »galt der kleine, zierliche Fuß als eines der wichtigsten Kennzeichen weiblicher Schönheit, seit es die Mode gestattete, ihn sichtbar werden zu lassen. Dementsprechend musste auch der Schuh klein und grazil sein. Vorne endete er in einer zierlichen Spitze mit größerem Ausschnitt. Klein und spitz, mit einem etwa sechs Zoll hohen geschwungenen ›französischen‹ Absatz versehen, bildete der Schuh gleichsam den zarten Stängel, auf dem sich die Gestalt glockenartig zu entfalten schien.«[3] Der Absatzschuh als Symbol weiblicher Schönheit im 18. Jahrhundert ist auf Madame de Pompadours Porträt von 1758 nicht mehr zu sehen. Der Künstler lässt nur noch die mit Schnallen besetzten, zierlichen Schuhspitzen unter dem Saum des Kleides hervorschauen, auf dessen sanften Farbton sie perfekt abgestimmt sind.

Die Absurdität, dass Aufklärer wie Diderot oder Rousseau ihre Ideen überwiegend in den Pariser Salons von höchst gebildeten Frauen entwickelten und am finanziellen Tropf einflussreicher Gönnerinnen wie Madame de Pompadour hingen, sei hier nur am Rande erwähnt. Interessanter ist die Frage, warum die Mätresse sich die Überlegungen der Aufklärer zur Rolle der Frau derart zu eigen macht, dass sie wesentliche Details in ihre bildliche Repräsentation Einzug halten lässt. Schließlich handelt es sich um Theorien, die Frauen wie sie selbst von Macht und politischer Teilhabe vollständig ausschließen wollen.

Es lohnt sich an dieser Stelle, einen Blick auf Madame de Pompadours Ursprünge zu werfen. Ihr Vater François Poisson stammte aus einer einfachen Weberfamilie im Osten Frankreichs. Als junger Mann verließ er seine Familie, um in Paris sein Glück zu machen und geriet bald in Kontakt mit den Brüdern Pâris, die als einflussreiche Finanziers viele Verbindungen zum französischen Hof hatten. Madame de Pompadours Mutter Louise Madeleine de la Motte war zu diesem Zeitpunkt schon gut mit den Pâris bekannt, die später am Aufstieg von Madame de Pompadour maßgeblich beteiligt sein würden. Besonders die beiden jüngsten der vier Brüder, Joseph Pâris Duverney und Jean Pâris de Montmartel, waren als Armeelieferanten und Bankiers zu Reichtum und politischem Einfluss gekommen. In der Folge wurden sie in den Amtsadel erhoben und hatten später auch Sitze im Staatsrat inne. Zu Madame de Pompadours Zeiten hielten viele Höflinge und ausländische Gesandte sie für die eigentlichen Drahtzieher hinter dem französischen König.

Jean de Montmartel, der jüngste der Pâris-Brüder, unterhielt ein Verhältnis mit Madame de Pompadours Mutter Louise Madeleine, die schon als junges Mädchen für ihre außergewöhnliche Schönheit und ihre hohe Intelligenz bekannt war. Er war es auch, der im Jahr 1718 ihre Hochzeit mit seinem Angestellten François Poisson vermittelte. Die Ehe der Poissons war, wie zu dieser Zeit üblich, eine Zweckgemeinschaft. Louise Madeleines Kinder sollte sie, welchen Vater sie auch haben mochten, einen guten Namen geben. François Poisson ermöglichte sie den Einstieg in die Pariser Finanzwelt. Einmal vor der Schande unehelicher Kinder geschützt, wuchs die Liste der Liebhaber von Madame de Pompadours Mutter schnell. Zu ihren Affären zählten auch Le Bel, der Erste Kammerdiener des Königs, der später eine große Rolle bei der ersten Kontaktaufnahme zwischen dem König und seiner zukünftigen Mätresse spielen sollte, und Charles Lenormant de Tournehem, ein königlicher Steuereintreiber, der in den Wirren der frühen Regierungsjahre des noch minderjährigen Königs Ludwig XV. eine beeindruckende Karriere gemacht hatte. Befördert durch die langen Abwesenheiten François Poissons, der regelmäßig geschäftlich für die Brüder Pâris in Frankreich unterwegs war, entwickelte sich das Verhältnis zwischen Madame de Pompadours Mutter und Lenormant zu einer eheähnlichen Verbindung, doch traf sie sich auch weiterhin mit Jean Pâris de Montmartel.

Wer von den dreien der Vater des Mädchens war, das am 29. Dezember 1721 in Paris zur Welt kam und in der Kirche St. Eustache auf den Namen Jeanne Antoinette Poisson getauft wurde, bleibt ungeklärt. In jedem Fall setzen sich alle drei Männer in hohem Maße für die steile Karriere der späteren Marquise de Pompadour ein. Jean Pâris de Montmartel steht als Pate auf ihrer Taufurkunde und Charles Lenormant de Tournehem finanziert später ihre Ausbildung. Doch zunächst geraten die Gönner der Familie Poisson im Jahr, in dem Jeanne Antoinette ihren sechsten Geburtstag feiert, in den Strudel der Ereignisse um den Sturz des Herzogs de Bourbon, der für den minderjährigen Ludwig XV. bis zum Jahr 1726 die Regierungsgeschäfte geführt und den Brüdern Pâris zum Aufstieg verholfen hatte. Vor allem hatte er die dubiosen Finanzgeschäfte der Pâris gedeckt, die ihnen großen Reichtum und immensen politischen Einfluss beschert hatten. Unter Ludwigs neuem Premierminister, Kardinal de Fleury, droht den Finanziers die Abrechnung, doch die Brüder ziehen ihre Köpfe elegant aus der Schlinge. Als Bauernopfer schieben sie François Poisson vor, der die gesamte Verantwortung für das Scheitern ihrer dubiosen Finanzgeschäfte und ihre Schulden in schwindelerregender Höhe von 232 430 Livres auf sich nimmt. Im Jahr 1727 wird er zum Tode verurteilt, kann sich aber, wiederum mit Hilfe der Brüder, einer Vollstreckung des Urteils durch die Flucht nach Deutschland entziehen. Vor seiner Abreise bringt er seine Tochter Jeanne Antoinette im Kloster der Ursulinen in Poissy unter, wo sie eine für Angehörige des Großbürgertums übliche Erziehung erhalten soll. Das zarte, gesundheitlich angegriffene Mädchen wird auf diese Weise dem wechselhaften Leben der Mutter entzogen, die erheblich unter der Verurteilung ihres Mannes zu leiden hat. Die luxuriöse Pariser Wohnung der Poissons wird gepfändet, Kutscher, Kammerzofen, Lakaien und Köchin entlassen, das Nutzungsrecht für Häuser und Konten eingefroren. Aus dem Verkauf einiger Möbelstücke, die ihr aus dem Schiffbruch verblieben sind, erhält Madame Poisson 1 000 Livres. Sie benötigt drei Jahre, um sich wieder zu etablieren. Ausgestattet mit einer neuen Wohnung, Personal und Geld nimmt sie im Jahr 1730 ihre Tochter wieder zu sich. Jeanne Antoinette hat sich im Kloster vielversprechend entwickelt, und Madame Poisson kümmert sich gemeinsam mit Charles Lenormant de Tournehem, der in Paris offen als Kindsvater genannt wird, um ihre weitere Erziehung. Tournehem engagiert die größten Künstler von Paris für tägliche Übungsstunden in Gesang, Schauspiel und Tanz. Mit 16 Jahren ist Jeanne Antoinette zu einer schönen Frau herangewachsen, die mit vielfältigen Talenten bezaubert. Regelmäßig besucht sie den Salon der Madame de Tencin, zu dem sie über eine Freundin ihrer Mutter Zugang gefunden hat. Zwischen ihr und der Gastgeberin entwickelt sich eine so enge Freundschaft, dass sie später ihre Tochter Alexandrine nach ihr benennen wird. In Tencins Salon trägt Jeanne Antoinette mit ihrer wohlklingenden Stimme Arien vor und unterhält die Gäste durch Charme und Esprit. Schon bald ist sie Stadtgespräch. Mächtige Adlige werden ebenso auf sie aufmerksam wie intellektuelle Vordenker. Leider erweist sich das lasterhafte Leben ihrer Mutter als großes Hindernis für einen wirklichen Aufstieg. Wichtige Salons der Zeit bleiben ihr verschlossen. Vor allem beehrt sie keiner ihrer einflussreichen neuen Kontakte mit Gegenbesuchen, da man, wie der spätere Pompadour-Günstling Bernis schreibt, sonst der völlig unpassenden Gesellschaft der Mutter ausgesetzt gewesen wäre.

An diesem Punkt gibt Charles Lenormant de Tournehem Jeanne Antoinettes Leben eine entscheidende Wendung: Er bestimmt seinen Neffen und Erben Charles-Guillaume Lenormant d'Etiolles zu ihrem künftigen Ehemann und verschafft ihr damit einen makellosen Namen, der für zwei Generationen Amtsadel steht. Auch bei anderen Familienmitgliedern hatte Lenormant sich zuvor schon durch eine geschickte Hochzeitspolitik ausgezeichnet. So war seine Nichte Charlotte Victoire durch ihre Heirat zu Madame de Baschi geworden und an den Hof gelangt. Später zählt sie in Versailles ebenso wie Elisabeth d'Estrades, eine weitere Nichte von Lenormant de Tournehem, zu Madame de Pompadours engstem Freundeskreis.

Für Jeanne Antoinette öffnen sich dank ihres neuen Namens in Paris plötzlich viele Türen. Sie wird zum berühmten Salon der Madame Geoffrin geladen und lernt auch deren Tochter kennen, die dünkelhafte Markgräfin de La Ferté-Imbault, die wie ihre Mutter viele Intellektuelle der Zeit zu ihren Freunden zählt. In den Pariser Salons, unkonventionelle Schnittstelle zwischen Adel und Bürgertum, spielt sich zu dieser Zeit das geistige Leben Frankreichs ab. Aufstrebende Künstler, Literaten und Philosophen treffen hier auf etablierte Denker oder Höflinge, die den verbalen Schlagabtausch mit gewandten Rednern suchen. Madame Tencins Salon, der von einigen Besuchern wegen seiner Internationalität als »Salon d'Europe« bezeichnet wird, gilt als der intellektuelle Treffpunkt von Paris. Die jung verheiratete Jeanne Antoinette d'Etiolles kommt hier in Kontakt mit Schriftstellern und Philosophen der Aufklärung wie Voltaire, Montesquieu, Mariveaux oder Helvetius, aber auch mit Adligen wie dem geistreichen Kardinal Tencin oder dem spritzigen Herzog de Richelieu, von denen einige zu guten Freunden werden. Vor allem lernt sie in den Pariser Salons schon als junge Frau die hohe Kunst der geistreichen Konversation und wichtige Grundzüge der neuen aufgeklärten Denkweise, die sie später selbst in einigen ihrer Bilder propagieren wird.

Auch wenn die Hofschranzen die neuen Denker mit ihren umwälzenden Theorien und die reichen Finanziers mit ihrem größer werdenden Einfluss naserümpfend als Emporkömmlinge bezeichnen, beginnt spätestens ab 1740 ein Machtwechsel in Frankreich. Während die Führungskaste der sogenannten Schwertadligen noch beharrlich auf ihre viele Generationen zurückreichende Familiengeschichte als einzige echte Legitimation politischer Machtausübung pochen, zieht die Realität lachend an ihnen vorbei: Die wichtigen, gesellschaftsverändernden Theorien werden jetzt im Bürgertum entwickelt. Die katastrophale, explodierende Schuldenwirtschaft des Hofes wird von bürgerlichen Großbankiers finanziert. Die öffentliche Meinung als das oberste Korrektiv von Sitten und Moral bildet sich in den Salons des Bürgertums. Ihre Macher stammen aus dem Bürgertum. Wie der Philosoph und Soziologe Jürgen Habermas in seiner Untersuchung *Strukturwandel der Öffentlichkeit* nachweist, lässt sich ihr stetig wachsender Einfluss allein schon an ihrer Zahl ablesen: Gab es im Jahr 1723 nur zwei namentlich bekannte, schreiben im Jahr 1783 achtundzwanzig Kritiker regelmäßig über Kunst, Theater und Literatur. Sie alle nutzen ihre scharfsinnigen Artikel nicht als einfache Kommentare zur Kunst, sondern als Möglichkeit, im Bereich der Ästhetik ihre radikalen politischen Theorien zu entwickeln. Es ist nur eine Frage der Zeit, bis das Bürgertum auch die Macht im Land übernehmen wird.

Begabt mit einer scharfen Intelligenz, erkennt die bürgerliche Madame de Pompadour mit feinem Gespür für den Wandel früh die Bedeutung der öffentlichen Meinung und der bürgerlichen, aufgeklärten Schichten für den Machterhalt des absolutistischen Königs. Politik und Moral der höfischen Welt werden ab 1750 immer stärker durch sie beeinflusst. Wer in Frankreich zukünftig erfolgreich regieren will, das dürfte Madame de Pompadour anhand des kometenhaften Aufstiegs ihrer eigenen Familie und ihrer bürgerlichen Freunde wie den Brüdern Pâris klar geworden sein, muss die öffentliche Meinung auf seine Seite bringen. Es scheint also nur die logische Konsequenz der Suche nach einem geeigneten Image zu sein, dass Madame de Pompadour ihre bildliche Darstellung immer mehr an das von den Aufklärern formulierte Frauenbild anpassen lässt. Wobei ihr nicht entgangen sein kann, wie sehr die Handlungsspielräume von Frauen dadurch eingeschränkt werden.

Im Wechsel von der höfischen zur bürgerlichen Gesellschaft, der um 1750 einsetzt und in der Französischen Revolution im Jahr 1789 einen ersten Höhepunkt erfährt, wird die Frau immer stärker auf das Haus beschränkt. Dieses wird nicht mehr als gemeinsamer Arbeits- oder (bei Adligen) Repräsentationsort von Mann und Frau gedacht, sondern als privater, von der Frau liebevoll gestalteter Rückzugsort des

Mannes, der ihm Erholung von seinem aufreibenden Alltag im öffentlichen Leben bringen und Ort der Erziehung der gemeinsamen Kinder sein soll. »Öffentlich« und »Privat« werden getrennt. Während der Mann sich frei zwischen beiden Bereichen bewegen kann, bleibt der Frau nur noch der private Raum. Sie wird endgültig vom öffentlichen Leben und damit auch von politischer Teilhabe ausgeschlossen, wie sie, eindrücklich belegt durch Madame de Pompadour, in den uneigentlichen Zwischenwelten der höfischen Welt noch möglich war.

Nun könnte man sagen, dass sich derartige Beurteilungen am besten im Rückblick und mit einem zeitlichen Abstand von über 250 Jahren treffen lassen, und es mag sicher stimmen, dass einiges am Bild der neuen Frau selbst einer Intellektuellen wie Madame de Pompadour gefallen haben mag. Die neue Natürlichkeit, die Fluchtmöglichkeiten aus der durch das Protokoll streng geregelten höfischen Welt in private Exklusivräume, das Wegfallen der behindernden Korsetts, eine liebevolle Nähe zwischen Mutter und Kind, die sich auch in der neuen Mode ausdrückt, seine Kinder selbst zu stillen, waren gerade für adlige Frauen attraktiv. Nichtsdestotrotz müssen Madame de Pompadour, angesichts ihrer außergewöhnlich hohen Bildung, einige der fatalen Konsequenzen der aufgeklärten Denkweise für Frauen aufgefallen sein. Ihr Bibliotheksverzeichnis führt viele Gegenstimmen zu Rousseau auf. So finden sich neben einer Ausgabe von Rousseaus *Emile* zehn Bücher, die sich zumeist sehr kritisch mit dem Buch auseinandersetzen. Unter anderen besitzt sie ein Exemplar der *Reflexions sur la théorie & la pratique de l'Education, contre les principes de J. J. Rousseau* (Überlegungen zu Theorie und Praxis der Erziehung, gegen die Thesen J. J. Rousseaus) des Kardinals Geril, dessen vehemente Kritik der Schriften Rousseaus ihm den Namen »Anti-Emile« eingetragen hat.

Wenn man sich das Porträt *Madame de Pompadour im Freien sitzend* im Kontext der klaren Machtdemonstration von 1755 oder der subtilen Darstellung ihrer Schlüsselposition am Hof von 1757 anschaut, kann das Bild von 1758 nur als eine weitere machtstabilisierende Imagestrategie der Mätresse interpretiert werden. Zuvor hat nämlich keines ihrer Bildnisse eine Affinität zu dem einengenden Frauenbild der Aufklärung bewiesen. Ganz im Gegenteil: Madame de Pompadour lässt sich in Delatours Gemälde mit solchen aufklärerischen Werken darstellen, die von einer echten Gleichheit zwischen Mann und Frau und von aktiver politischer Teilhabe handeln.

Auch in Bouchers großem Porträt von 1757, das in der Salonausstellung so viel positive wie negative Kritik auf sich gezogen hatte, finden sich verdeckte Hinweise auf eine kritische Sichtweise aufklärerischer Theorien. Der prachtvolle Spiegel im Bildhintergrund, der einen Blick auf die elegante Frisur der Mätresse zulässt, kann beinahe als eine Art visueller Fußtritt des Künstlers und seiner mächtigen Auftraggeberin für den zweiten wichtigen Kritiker gelesen werden, für Etienne La Font de Saint-Yenne. Dieser hatte sich im Jahr 1747 mit seiner viel beachteten Schrift *Réflexions sur quelques causes de l'état présent de la peinture en France* (Überlegungen zu einigen Gründen für den aktuellen Zustand der Malerei in Frankreich) zum Stellenwert der Malerei in Frankreich zu einer festen Bezugsgröße der bürgerlichen Kunstkritik aufgeschwungen. In seinen *Überlegungen* äußert er sich höchst kritisch zur Gefallsucht der Frau, die für ihn durch den ausufernden Einsatz von Spiegeln symbolisiert wird. Er kritisiert, dass dort, wo man gut ein Kunstwerk aufhängen könnte, heutzutage Spiegel neben Spiegel hängt, dass »die Wissenschaft des Pinsels dem flüchtigen Widerschein des Glases weichen müsse.«[4] In seiner unter dem Namen »Sentiments« (Gefühle) veröffentlichten Kritik der Salonausstellung von 1753 prangert er besonders die Belanglosigkeit, das Gekünstelte und die Eitelkeit der vielen Frauenporträts an: »Warum müssen sie sich mit so vielen Spiegeln umgeben, als ob es Altäre wären, um die eigene Schönheit beständig zu bewundern? Wo hätte man je solch selbstzufriedene Porträts gesehen, in denen nicht der Anflug einer Schlaflosigkeit, nicht die kleinste Wolke da wäre, um die künstliche Frische ihres Teints zu trüben?«[5]

Spielt also Madame de Pompadour den bürgerlichen Kritikern mit ihrem Porträt von 1758 nur eine Komödie vor? Immerhin scheint sie mit der Verlegung ihres Lektüreortes aus ihrem prachtvoll dekorierten Boudoir in Versailles in die freie Natur, sprich aus einer von erlesener Kultur geprägten in eine natürliche Umgebung, eines der Postulate der Aufklärer direkt umzusetzen, nämlich das der Natur als einziger, wahrhafter Lehrmeisterin. Trotzdem bleibt, besonders wenn man berücksichtigt, dass Boucher die Porträtierte bei identischer Körperhaltung einfach in einen unberührt anmutenden Laubwald versetzt, der Eindruck, es handele sich bei *Madame de Pompadour im Freien sitzend* um eine simple Maskerade des eigentlichen Porträts von 1757.

Madame de Pompadour ist und bleibt 1758 eine ebenso geschickte Machtpolitikerin wie in den Jahren 1755 und 1757, das sollte an dieser Stelle nicht vergessen werden. Sie scheint keine wirkliche Anhängerin der Aufklärung zu sein, sondern sich ihrer Protagonisten nur zunehmend geschickt zu bedienen, um die eigene Position durch tragfähige Darstellungen zu stärken. Im Falle einer erfolgreichen Strategie würde der Inhalt ihrer bildlichen Repräsentation durch Werke wie die *Literarische Korrespondenz* von Friedrich Melchior Grimm an den europäischen Königshöfen verbreitet werden.

Für eine solche Sichtweise spricht auch der starke Kontrast zwischen dem düster umwölkten Hintergrund des Bildes und der leuchtenden Figur, von der ausgehend die Szenerie erleuchtet wird. Durch ihre unterbrochene Lektüre und die vielen zerlesenen Bücher weist sich die Marquise als ebenso gebildete wie denkende Frau aus – eine Lichtgestalt, die aufhellende Erkenntnis in Düsternis und Chaos bringt und nicht ein einflussloses Heimchen am Herd, das sich brav der Gobelinstickerei hingibt.

Auch die dezenten Perlenschnüre an Handgelenk und Ärmeln der Mätresse, die sich in ihrer Schlichtheit fast im hellen Ton der Haut und den bauschigen Ärmeln des Kleides verlieren, weisen in diese Richtung. Boucher liefert hier erneut ein Meisterstück subtiler Mehrdeutigkeit, indem er einerseits ein reales Detail aus dem Leben der Mätresse darstellt, die als große Perlenliebhaberin gilt und über eine eindrückliche Sammlung verfügt, andererseits mit dem dezenten Schmuck einer wesentlichen Forderung der bürgerlichen Ideologen entspricht, die Frau habe schlicht und ohne überflüssiges Zierwerk gekleidet zu sein. Schließlich spielt er damit auch noch auf Madame de Pompadours Machtposition am Hof an: Perlen tauchen in fast allen Porträts der Mätresse auf und werden von den wechselnden Künstlern oft prominent in Szene gesetzt. Es handelt sich hier um ein auffälliges Bilddetail, das Madame de Pompadour weder ausschließlich aus oberflächlicher Vorliebe für die schimmernden Kugeln noch als Versuch der Maskierung ihrer eigentlichen Ansichten in ihre Bildnisse einfügen lässt: Perlen sind in der Bildsprache des 18. Jahrhunderts eines der Symbole für politische Macht, man findet sie dementsprechend häufig auch in Herrscherporträts. Die Perlen im Porträt von 1758 weisen zudem auch noch den Weg zu einer wichtigen Inszenierungsstrategie der kommenden Jahre. Madame Pompadour wird sich ihrer bedienen, um ihre Machtposition am Hof dauerhaft zu sichern, und lässt sie von François Boucher im Jahr 1759 gleich in zwei Gemälden darstellen: Die Veränderung ihrer informellen Stellung in eine offizielle Position und die Wandlung ihrer Beziehung zum König von Liebe zu Freundschaft. Ein Image, das sich bei näherem Betrachten allerdings als ebenso inszeniert und hinsichtlich einer profunden, »echten« Überzeugung als ebenso zweifelhaft erweist, wie Madame de Pompadours Rolle als »aufgeklärte, natürliche Frau«. Ob Maskerade oder nicht, an der Ausrichtung ihrer Porträts auf die öffentliche Meinung, kann man am Ende der 1750er-Jahre überdeutlich das Erstarken der bürgerlichen Schichten und das heraufdämmernde Ende des absolutistischen Regierungssystems in Frankreich ablesen. Eines durch und durch maroden Systems, das 25 Jahre nach Madame de Pompadours Tod, befördert durch den schwachen Nachfolger Ludwigs XV. und eine selbstbezogene Königin wie Marie Antoinette, in deren Person die Rollen der Königin und der Mätresse in eins fallen, in der Französischen Revolution endgültig untergehen wird.

Anmerkungen Kapitel 4:

Anm. 1: Barthez, Boucher d'Argis, Jaucourt, Aumont, Desmahis: L'Encyclopédie, 1re éd., 1751 (Tome 6, S. 468–481)
Anm. 2: Salmon, Xavier, et al.: Madame de Pompadour et les arts, Paris, 2002, S. 150, Übersetzung A. Weisbrod
Anm. 3: Thiel, Erika: Geschichte des Kostüms, Berlin, 1963, S. 416 ff.
Anm. 4: Salmon, S. 22, Übersetzung A. Weisbrod
Anm. 5: Goncourt, Jules und Edmond de: Madame de Pompadour, Paris, 1881, S. 52 ff., Übersetzung A. Weisbrod

Kapitel 5

Die heimliche Ehefrau

François Boucher:
Jeanne Antoinette Poisson, Marquise de Pompadour (1758)
Öl auf Leinwand, 81,2 x 64,9 cm
Fogg Art Museum, Harvard Art Museum, Cambridge, Massachusetts, USA (Schenkung Charles E. Dunlap)

1758, im selben Jahr, in dem *Madame de Pompadour im Freien sitzend* entsteht, arbeitet die Marquise ein weiteres Mal mit François Boucher zusammen. Nun soll er die Mätresse an ihrem Ankleidetisch darstellen.

Mit *Madame de Pompadour bei der Morgentoilette* entwirft er ein intimes Bildnis, das die Mätresse in einen exklusiven Dialog mit dem Betrachter treten lässt. Es wird in den Gemächern der Mätresse nur einem handverlesenen Kreis zugänglich sein, dem sie einen tieferen Einblick in die große Bedeutung ihrer Stellung gestatten möchte. Nach Madame de Pompadours Tod geht es in den Besitz ihres Bruders Abel de Marigny über, aus dessen Nachlass es 1781 veräußert wird. Nach einer wechselvollen Geschichte – unter anderem wird das Bild im 20. Jahrhundert von den Nationalsozialisten aus der Sammlung Rothschild geraubt – gelangt es 1966 schließlich ins Fogg Art Museum in Cambridge in den USA, in dem es sich noch heute befindet.

Auch durch seine ungewöhnliche Form unterscheidet sich das Gemälde von den anderen Porträts. Das untypische Oval greift Madame de Pompadours ebenmäßige Gesichtsform ebenso perfekt auf wie die ovale Brosche des Armbands, das die Mätresse am rechten Arm trägt, doch es entspricht nicht der ursprünglichen Form des Porträts. Wie eine Tiefenuntersuchung des Bildes unlängst ergeben hat, war dieses ursprünglich rechteckig, der eng gewählte Bildausschnitt auf Gesicht und Körper begrenzt. Später wurde das Rechteck durch neue Leinwandstücke vergrößert, um Platz für die aufwändig gearbeitete Rückenlehne des Sessels auf der linken Seite und das Stillleben aus Blüten, Schminkutensilien und Spiegel am rechten Bildrand zu schaffen. Ob die endgültige Bildform auf Madame de Pompadours Initiative zurückgeht, darf allerdings bezweifelt werden, da die letzte Vergrößerung zum Oval wohl erst nach ihrem Tod hinzugefügt wurde.

Mit dem zweiten Bildnis des Jahres 1758 erscheint erstmals ein auffälliges Element in Madame de Pompadours bildlicher Darstellung, das fortan auf allen Gemälden auftauchen wird: Während sie vorher den Kopf immer nach rechts wendet, schaut sie uns jetzt direkt an, als wolle sie an Art und Umfang ihrer Stellung keinen Zweifel mehr lassen. Die Wichtigkeit ihrer Inszenierung durch Kunstwerke wird durch den unmittelbaren Augenkontakt unübersehbar.

François Boucher zeigt Madame de Pompadour bei der Morgentoilette, also in einem Moment, der für jede bedeutende Persönlichkeit am französischen Hof zum festen Tagesablauf gehört. Anders als Ludwig XV., der ausgewählte Personen zu seinem Lever einlädt, einer steifen Zeremonie, bei der vom Erwachen des Königs bis zum Ankleiden auch noch die kleinste Geste der Anwesenden vom Hofprotokoll streng geregelt ist, empfängt die königliche Mätresse ihre Besucher.innen nach dem Frühstück eher zwanglos in ihrem Ankleidezimmer. Umgeben von einer Menschenmenge lässt sie letzte Striche Schminke oder Puder auftragen und sucht den zur gewählten Robe passenden Schmuck aus. Trotz der relativen Zwanglosigkeit kann niemand bei diesem wichtigen Ereignis einfach »vorbeischauen«. Wer vorgelassen werden möchte, muss morgens früh seine Karte der ersten Kammerfrau überreichen und später im »Antichambre« genannten Vorzimmer warten. Die Marquise entscheidet erst im letzten Moment, wen sie sehen will. So manche enttäuschte Bittsteller.innen werden trotz geduldigen Ausharrens abgewiesen.

Auf dem Porträt scheint Madame de Pompadour ihre Besucher zu erwarten. Sie hat sich auf einem gelb bezogenen Sessel an ihrem Schminktisch zurechtgesetzt und schaut uns mitten ins Gesicht. Vor ihr auf dem weißen Tischtuch liegen griffbereit einige frische Blüten, ein blaues Seidenband und eine goldene Puderdose mit passender Quaste. Damit sie ihr

Gesicht fertig schminken kann, ist schräg links vor ihr ein kleiner Toilettenspiegel mit einem schlichten grünen Holzrahmen aufgestellt. Über einem silberweißen Kleid mit zartem Spitzenbesatz, dessen Ärmel und Ausschnitt mit breiten Schleifen in altrosa Seidentaft verziert sind, trägt sie einen silbrigen Frisierumhang, der mit dem gleichen Zierwerk besetzt ist. Das Haar der Mätresse ist gepudert und mit einigen kornblumenblauen Blüten versehen, die sich im blauen Band auf dem Tisch widerspiegeln. Sie hält einen Schminkpinsel und eine goldene Dose mit Rouge, das sie der Mode der Zeit entsprechend großzügig auf den Wangen verteilt hat. An ihrem rechten Handgelenk trägt sie das auffällige Perlenarmband mit einer Kamee, die Ludwigs Konterfei auf einem altrosa Untergrund zeigt.

Die auf den ersten Blick augenfälligste Bedeutungsebene des ovalen Porträts ergibt sich durch seine kompositorische Verbindung mit einem berühmten Gemälde der Diane de Poitiers, einer offiziellen Mätresse des französischen Königs Heinrich II. aus dem 16. Jahrhundert. Das um 1550 im Umkreis der sogenannten Schule von Fontainebleau entstandene Bild, das Diane unter dem Titel *Venus bei der Toilette* als Liebesgöttin zeigt, scheint Boucher als direkte Vorlage für sein Oval von 1758 gedient zu haben. Ähnlich wie später Madame de Pompadour sitzt Diane de Poitiers frontal, allerdings barbusig, am Ankleidetisch und präsentiert mit gezierter Handhaltung eine Kette und einen kleinen Ring. Am rechten Bildrand steht ein Tisch mit einem Spiegel, dessen Sockel zwei ineinander geschlungene Figuren bilden, eine davon ein Porträt ihres Geliebten Heinrich II. Neben der durch den Titel hergestellten Verbindung des Gemäldes mit Venus-Darstellungen handelt es sich hier um ein im 16. Jahrhundert bei adligen Damen äußerst beliebtes Motiv, für das die Kunsthistorikerin Elise Goodman 1987 den Begriff »die

Dame, der Liebhaber und der Spiegel« geprägt hat.[1] Besonders in Frankreich griffen zahllose Künstler.innen den Topos auf, um mehr oder minder subtil ein meist uneheliches Liebesverhältnis in Adelskreisen darzustellen.

Es ist deshalb kaum überraschend, dass François Boucher für seine Darstellung von Madame de Pompadour an ihrem Ankleidetisch auf das Porträt einer berühmten Vorgängerin zurückgreift: Das Gemälde ist in Hofkreisen bekannt, es verbindet die göttliche Schönheit Diane de Poitiers mit der Macht ihres königlichen Liebhabers zu einer stabilen, dauerhaften Beziehung und liefert damit eine leicht verständliche Bildaussage, die wie gemacht für eine Illustration von Madame de Pompadours erfolgreichem Leben zu sein scheint. Mit der direkten Bezugnahme auf Diane de Poitiers spielt der Künstler jedoch gleichzeitig auf die Zerbrechlichkeit von Macht an. Zwar war Dianes Aufstieg von der Erzieherin Heinrichs II. zu seiner allmächtigen Geliebten beispiellos, ihr Sturz, unmittelbar nach dem Tod des Königs, jedoch auch umso tiefer. Als Heinrich II. im Jahr 1559 bei einem Turnier von der abgebrochenen Lanze eines Gegners tödlich verwundet wurde, musste Diane den Hof sofort verlassen, ohne persönlich von ihrem sterbenden Geliebten Abschied nehmen zu dürfen. Ihre kostbarsten Besitztümer, darunter ihr Schloss Chenonceau und große Teile ihrer Juwelen, fielen sofort an die französische Krone zurück. Bouchers Verbindung zum Porträt der Diane de Poitiers kann demgemäß ebenso als Anspielung auf die unsichere Situation einer Mätresse gelesen werden: Nach dem Tod ihres Geliebten ist sie völlig ungeschützt und verliert ihre Stellung von einem Moment zum nächsten. Ein Schicksal, das Madame de Pompadour in den Wirren des Attentats auf Ludwig XV. am 5. Januar 1757 beinahe selbst ereilt hätte. Als sie 1758 den Auftrag für das Bild erteilt, liegt die Messerattacke erst ein Jahr zurück und muss in der Erinnerung der

Marquise noch frisch genug gewesen sein, um sich bildlich damit auseinandersetzen zu wollen. Durch den kompositorischen Rückgriff auf Diane de Poitiers changiert das ovale Porträt zwischen Melancholie und Machtdemonstration.

Madame de Pompadours Gesicht ist entsprechend den Schönheitsvorstellungen des 18. Jahrhunderts hell geschminkt und mit kreisrunden Rougeflecken versehen. Um eine ebenmäßige Hautfarbe zu erzielen, wurden mit einer weichen Quaste oder einem Pinsel mehrere Schichten weißen Puders deckend auf das Gesicht aufgetragen. Die pudrige Paste bestand aus giftigen Bestandteilen wie Bismut, Quecksilber oder Blei und schädigte die Haut nachhaltig, trotzdem galt die erzielte kreidige Haut als absolutes Schönheitsideal. Danach wurden Wangen und Lippen mit natürlichen Farbstoffen wie Rotholz, Karmin oder Sandelholz leuchtend rot gefärbt. Durch die Schminke sieht Madame de Pompadours Antlitz frisch aus, wie nach einem ausgiebigen Morgenspaziergang, dabei ist sie gerade erst im Kreis ihrer Damen aufgestanden. Sie trinkt eine heiße Schokolade und lässt sich von ihrer Kammerzofe ankleiden, während sie die abgegebenen Visitenkarten studiert und einige davon auswählt. Dann ist sie bereit, die üblichen morgendlichen Besucher zu empfangen, die sich in großer Zahl in ihrem Vorzimmer drängen.

Madame de Pompadour ist inzwischen 37 Jahre alt, aber es scheint, als würden ihre zehn Jahre zuvor entstandenen Porträtstudien nur ein paar Monate zurückliegen. Der Künstler zeigt ihr schönes Gesicht etwas rundlicher als früher, mit leichtem Doppelkinn, doch die Haut genauso glatt, die Augen strahlend und die feuchten Lippen prall und wohlgeformt wie zu ihrer Anfangszeit in Versailles, als viele Zeitgenossen die damals Vierundzwanzigjährige für eine der schönsten Frauen ihrer Epoche hielten. Trotz Bouchers Kunstfertigkeit müssen wir annehmen, dass ihr einst so anmutiges Gesicht in Wirklichkeit inzwischen deutlich die unerbittlichen Spuren von Zeit, Krankheit und Schicksalsschlägen trägt, ihre Jugendfrische und außergewöhnliche Schönheit für immer dahin sind. Glaubt man den hämischen Berichten einiger ihrer Gegner, so war ihr Gesicht in den späten 1750er-Jahren unter den vielen Schichten weißer Schminke nicht mehr auszumachen. Eine 1759 unter dem fiktiven Namen Marie Anne Falques verfasste, nicht autorisierte Biografie beschreibt die Mätresse als völlig abgemagert, mit gelblicher Haut an den Stellen, die nicht unter den Puderschichten verborgen sind.[2]

In einer Zeit, in der Begriffe wie »Realismus« oder »Naturalismus«, die im 19. Jahrhundert für die Kunst Bedeutung erlangen, François Boucher als Rokoko-Maler noch nicht beschäftigen, spielt es keine Rolle, ob die suggerierte jugendliche Frische tatsächlich noch vorhanden ist. Wir bekommen Madame de Pompadours offizielles Repräsentationsgesicht zu sehen, eine imposante Maske für die Gäste ihres Ankleiderituals, die eingeschüchtert in einiger Entfernung um ihren Toilettentisch herumstehen. Ihre unveränderte Schönheit wird dabei zum Symbol ihrer gleichbleibenden Macht.

Es gibt einige zeitgenössische Berichte davon, wie dominant Madame de Pompadour Besucher.innen empfangen konnte. Ein besonders eindrückliches Zeugnis legt der Präsident de Meinières ab, einer der aufrührerischen Parlamentarier, die seit dem Sommer 1756 die Autorität des Königs offen in Frage stellten und damit in den Augen vieler den tätlichen Angriff auf Ludwig XV. am 5. Januar 1757 unmittelbar auslösten. Wenige Wochen nach dem gescheiterten Attentat erhält Meinières eine Privataudienz bei Madame de Pompadour, die er um Fürsprache für seinen Sohn bitten will. Der junge Mann war kurz zuvor aus der französischen Verwaltung entlassen worden, da sich der König in den Nachwehen der dramatischen Ereignisse entschieden hatte, seine Widersacher durch die Bestrafung ihrer Angehörigen zu disziplinieren. Urplötzlich mit den Vergehen seines abtrünnigen Vaters konfrontiert, sieht sich der Sohn des Präsidenten de Meinières durch seine Entlassung von einer vielversprechenden politischen Karriere ausgeschlossen. Um ihm zu helfen, beschließt sein Vater, Ludwigs mächtige Mätresse um Hilfe zu bitten, und erhält sogar eine Audienz bei ihr. Später beschreibt er die Situation folgendermaßen:

»Madame de Pompadour war allein, aufrecht neben dem Kaminfeuer; sie musterte mich von Kopf bis Fuß mit einer Herablassung, die mir Zeit meines Lebens im Gedächtnis bleiben wird. Der Kopf saß ihr aufrecht über den Schultern, sie erwies mir keinerlei Referenz, sondern maß mich weiter auf eine einschüchternde Weise mit den Augen ab. Als ich nah genug bei ihr war, wies sie ihren Diener, der unschlüssig war, welche Sitzgelegenheit er mir geben sollte, mit wütender Stimme an: ›Ziehen sie einen Stuhl heran.‹ Er stellte den Stuhl ihr gegenüber auf, in einer solchen Nähe, dass meine Knie nur einen Fußbreit von den ihren entfernt waren.«

Im Gesprächsverlauf macht ihm Madame de Pompadour klar, dass sie sehr wohl die verlangte Gunst vom König erhalten könne, diese aber nur erbitten würde, wenn Meinières Ludwigs Autorität anerkennen und seine zurückgetretenen Kollegen dazu bewegen würde, Abbitte zu leisten. Schließlich herrscht sie den eingeschüchterten Parlamentspräsidenten an: »Ich frage Sie, wer sind Sie, um sich derart dem Willen ihres Herrschers zu widersetzen? Glauben Sie etwa, dass Ludwig XV. nicht ein ebenso großer König ist wie Ludwig XIV.?« Sie entlässt ihn, ohne ihm eine verbindliche Zusage zu geben.[3]

Wenn man vor diesem Hintergrund den intensiven Blick der großen, graublauen Augen auf sich wirken lässt – ein selbstsicherer, abschätzender Blick, der von keinem Zweifel getrübt wird – kann man sich gut in die von Meinières geschilderte Situation hineinversetzen. Auch die Botschafter der auswärtigen Höfe berichten in ihren Schreiben von ähnlich verlaufenden Zusammentreffen. Madame de Pompadour empfängt Besucher meistens drei- bis viermal pro Woche. Der Dienstag ist für die ausländischen Gesandten reserviert, die der Mätresse regelmäßig ihre Aufwartung machen, ohne dass es zu mehr als dem Austausch einiger Belanglosigkeiten kommt. Im Jahr 1752 meldet der spätere österreichische Außenminister Kaunitz, der sich damals noch als Botschafter der Kaiserin in Versailles aufhält, nach Wien: »Die Ehrerbietung und die Unterwürfigkeit (Madame de Pompadour) gegenüber übertreffen alle Vorstellungen. An den Tagen, an denen der Conseil zusammenkommt, hält sie ihre Ankleidezeremonie vor allen Leuten ab. Alles, was Rang und Namen hat, ist anwesend. Die Botschafter fehlen nicht. Keiner der Männer sitzt.«[4]

Auffällig ist die Verbindung von Madame de Pompadours öffentlicher Toilette und dem Conseil, dem Rat des Königs, die der österreichische Botschafter sogleich nach Wien meldet. Im Anschluss an die Ratssitzungen tagt Ludwig XV. mit ausgewählten Ministern im Beisein Madame de Pompadours weiter, deren Räume im Schloss der exklusiven Runde häufig als Treffpunkt dienen. Auf Befehl des Königs müssen die Minister ihre Ideen gegenüber Madame de Pompadour wiederholen, denn ohne ihre Einwilligung ist Ludwigs Zustimmung nicht zu haben.

An den ausländischen Höfen betrachtet man den großen Einfluss der Mätresse mit Befremden, gibt es doch immer neue Hinweise, dass Ludwig XV. keinen Schritt mehr ohne sie unternimmt. Die ausländischen Diplomaten haben ein dementsprechend großes Interesse, an ihrer Morgentoilette teilzunehmen. Eine hier geäußerte Meinung hat gute Chancen, direkt im Anschluss dem König und seinen Ministern zugetragen zu werden. Alle drängen sich in Madame de Pompadours Ankleidezimmer, ohne dass einem von ihnen eine besondere Auszeichnung zuteil geworden wäre: »Ich darf mir selbst schmeicheln, die Ehre zu haben, von ihr protegiert zu werden. Dennoch ist es nicht möglich, mit ihr zu sprechen, außer vor den Augen der anderen, bei ihrer Toilette, wo alle wie Statuen um ihren Frisiertisch herumstehen und sie anstarren, (…) und aus Angst, Anstoß beim König zu erregen und bei den Ministern Eifersucht aufkommen zu lassen, gibt sie niemals einem von uns Botschaftern vertrauliche Audienzen«, berichtet der britische Gesandte im Jahr 1753.[5]

Die Mätresse empfängt ihre Besucher souverän. Private Unterredungen gewährt sie nur da, wo sie ihr notwendig scheinen. So macht sie während der Bündnisverhandlungen mit Österreich im Jahr 1755 und in den Folgejahren für den österreichischen Botschafter Starhemberg eine Ausnahme. Zufrieden schreibt Starhemberg am 18. Juni 1756 nach Wien:

»Sie hat mir gesagt, dass sie mich jederzeit privat empfängt, wenn es mich danach verlangt, dass wir uns häufig sprechen müssen, uns alles ehrlich darlegen müssen und in gar keinem Fall Zeit verlieren dürfen, sondern alles daran setzen müssen, um den Abschluss und die Umsetzung unserer Absprachen zu erreichen.«[6]

Natürlich bleiben solche Privataudienzen nicht unbemerkt. Besonders die Minister betrachten das Agieren der Botschafter mit Misstrauen und Eifersucht. Für die ausländischen Diplomaten kann sich daraus schnell ein unangenehmer Balanceakt entwickeln, wie der zunächst hocherfreute Starhemberg bald am eigenen Leib erfahren muss. Im Februar 1757 vermeldet er triumphierend sein hervorragendes Verhältnis zu Madame de Pompadour und zum neuen Außenminister Bernis, im Verlauf des Jahres gestaltet sich der vertraute

Austausch mit beiden konkurrierenden Kräften immer schwieriger. Im Frühjahr 1758 sorgt sich Starhemberg darüber, dass seine ständigen Privataudienzen bei Madame de Pompadour den Außenminister verstimmen könnten. Er meint, eine Abkühlung in seinem Verhältnis zu Bernis zu entdecken, der sich ihm gegenüber weniger zugänglich zeige als früher. In der Folge schränkt Starhemberg seine Visiten bei der Mätresse ein und sucht sie während einiger Monate nur dienstags gemeinsam mit den anderen Botschaftern auf. Bald macht er sich allerdings Sorgen, dass nun sein exklusives Verhältnis zu Madame de Pompadour leiden könnte, die sich natürlich angesichts der Vertrautheit des Botschafters mit dem Außenminister seine ausbleibende Nachfrage nach Privataudienzen leicht erklären kann. Als Bernis im November 1758 entlassen wird, intensiviert Starhemberg sein Verhältnis zu Madame de Pompadour sofort wieder und sucht sie beinahe täglich zu Privataudienzen auf.

Zum Entstehungszeitpunkt des ovalen Porträts ist Madame de Pompadour endgültig zur entscheidenden Kraft in Frankreich aufgestiegen. In ihrem Ankleidezimmer wird über die Geschicke Frankreichs, ja ganz Europas entschieden, werden Karrieren gemacht und wieder vernichtet. Während der Österreicher Starhemberg im Jahr 1758 noch tunlichst darum bemüht ist, weder Madame de Pompadour noch den mächtigen Außenminister Bernis zu verstimmen, macht die Mätresse im Verlauf des Jahres endgültig deutlich, mit wem man in Frankreich einzig und allein zu rechnen hat. Nachdem sie Bernis' Karriere zunächst mit aller Macht vorantreibt, lässt sie ihn im Sommer 1758 fallen. Der Abbé ist von ihrem engen Freund zu ihrem Konkurrenten geworden, ihre politischen Ansichten haben sich in unvereinbare Richtungen entwickelt. Madame de Pompadour hält inzwischen Bernis' Berufung zum Außenminister hinsichtlich des Siebenjährigen Krieges für eine Fehlentscheidung. Im Gegensatz zu Bernis setzt sie sich für die Fortführung des seit August 1756 andauernden Krieges ein, den sie seit dem Sieg bei Hastenbeck im Juli 1757 für gewinnbar hält. Am Außenminister vorbei platziert sie eigene Günstlinge in der Heeresführung und hofft – vergeblich – durch sie eine entscheidende Wendung des Kriegsverlaufs herbeiführen zu können.

Während Bernis vehement auf einen baldigen Frieden hinarbeitet, ist die Mätresse davon überzeugt, dass man besonders gegenüber dem vertragsbrüchigen preußischen König keine Handbreit nachgeben dürfe. Bernis hat seinen Kurs auch in Bezug auf Österreich geändert: Nun weist er den König beständig auf die für Frankreich unvorteilhaften Bündnisbedingungen hin, an deren Ausarbeitung er allerdings drei Jahre zuvor maßgeblich beteiligt war. Nachdem die englische Flotte um ein Haar die vor der französischen Atlantikküste gelegene Île de Ré erobert hätte, drängt Bernis im Staatsrat auf eine massive Kursänderung. Frankreich solle sich auf den Krieg gegen England und die Sicherung seiner Kolonien konzentrieren, anstatt sich für Österreich aufzureiben, lautet sein neues Credo.

Doch Madame de Pompadour glaubt trotz verlorener Schlachten und bedrohter Küsten noch immer an einen erfolgreichen Ausgang des Krieges. Bernis' schwermütiges Temperament und seine düsteren Prognosen über den bevorstehenden Ruin Frankreichs bringen sie ebenso auf wie seine unangenehme Angewohnheit, ihr auch unbequeme Wahrheiten recht unverblümt zu sagen. Sie will nichts von einem für Frankreich verlorenen Krieg hören, schließlich steht damit auch die von ihr so beförderte Umkehrung der Bündnisse auf dem Prüfstand.

Im Frühjahr 1758 beginnt sie nach einem Günstling zu suchen, der ihren einstigen Favoriten als Außenminister ersetzen kann. Schnell fällt ihre Wahl auf den ambitionierten Grafen de Stainville, der seit 1757 als Botschafter des Königs am Wiener Hof lebt.

Während sie geduldig im Hintergrund die Fäden zieht, trifft im Juni 1758 eine neue Hiobsbotschaft ein: Unter der Führung des Grafen de Clermont, auf den viele am Hof ihre Hoffnungen gerichtet hatten, wird Frankreich in der Schlacht bei Krefeld erneut von den preußischen Truppen geschlagen. Bernis dringt im Staatsrat mit aller Macht auf sofortige Friedensverhandlungen mit Friedrich II., um für Frankreich zu retten, was noch zu retten ist. Ihm ist bewusst, dass seine Klagen die Mätresse krank machen, dass die Wahrheiten, die er ihr täglich serviert, sie erzürnen, wie er, in völliger Verkennung der sich anbahnenden Ereignisse, am 22. Juni 1758 in einem Brief ausgerechnet dem Grafen de Stainville anvertraut, und doch rechnet er nicht damit, dass seine gute Freundin ihn fallen lassen könnte. In einem Brief an den König, den er Madame de Pompadour zur Weiterleitung übergibt, bittet er Ludwig darum, die Geschicke Frankreichs wieder mit Entschlossenheit und Weitblick zu lenken und einen Premierminister zu bestimmen, der die Kräfte im Staatsrat bündeln kann. Madame de Pompadour weigert sich, den Brief zu überbringen.

Am 28. Juli 1758 erfüllen sich mit dem Verlust des nordamerikanischen Louisbourgs Bernis' schlimmste Vorhersagen: Kanada steht den englischen Truppen ungeschützt offen, die französischen Kolonien sind verloren. Ab sofort überschlagen sich die Ereignisse. Bernis bittet, wiederum in völliger Verkennung der Abläufe, den französischen Botschafter Stainville darum, am österreichischen Hof für schnelle Friedensverhandlungen mit Preußen zu werben. Doch Stainville, der Madame de Pompadours Haltung in der Sache nur zu gut kennt, rührt keinen Finger. Anstatt hinsichtlich eines baldigen

Friedens Druck auf Außenminister Kaunitz auszuüben, intrigiert er gegen Bernis. Er bedauert gegenüber Madame de Pompadour die zerrütteten Nerven des Außenministers, befürchtet, Bernis' anhaltende Melancholie könne König und Frankreich schaden, kurz, er tut alles, um die Favoritin in ihrem zunehmenden Missfallen zu bestärken.

Im Frühsommer 1758 beschließt Madame de Pompadour endgültig, ihren alten Freund zu stürzen. Geschickt vermeidet sie eine offene Konfrontation. Durch die guten Beziehungen von Stainville nach Rom, die noch auf seine dortige Zeit als französischer Botschafter zurückgehen, erlangt sie für Bernis die Kardinalswürde und überzeugt gleichzeitig Ludwig XV. davon, Stainville zum Herzog zu machen. Bernis ist außer sich vor Freude und dankt seiner Gönnerin überschwänglich. Am 26. August 1758, einen Tag nach der Erhebung Stainvilles zum Herzog de Choiseul, gratuliert er ihm begeistert nach Venedig: »Wir werden im größtmöglichen Einverständnis handeln und Gott sei gedankt, ohne uns gegenseitig unsere Ämter zu neiden. So werden wir gemeinsam über das Schicksal unserer lieben Freundin wachen. Ihr Glück und ihre Gesundheit sind so eng mit dem Zustand unseres Staates verknüpft.«[7]

Für die nähere Zukunft sieht der frisch gebackene Kardinal sich selbst in der Rolle des Premierministers mit einem ihm zutiefst ergebenen Außenminister namens Choiseul. Er bezieht prächtige Räume in Versailles und glaubt sich auf dem Gipfel seiner Macht.

Als er am 13. Dezember 1758, mitten in einer Besprechung mit dem inzwischen aus Venedig zurückgekehrten Choiseul, das von Ludwig persönlich unterschriebene Entlassungsschreiben erhält, fällt er aus allen Wolken. In dürren Worten enthebt ihn der König seines Amtes und verbannt ihn mit sofortiger Wirkung in eine Abtei seiner Wahl. Madame de Pompadour ist für den Kardinal nicht mehr zu sprechen.

Schauen wir uns das Porträt *Madame de Pompadour am Ankleidetisch* vor diesem Hintergrund an, so sprechen weitere Details zu uns. Das Bild entsteht ungefähr zu dem Zeitpunkt, als Madame de Pompadour große Teile ihres Tafelsilbers zum Einschmelzen gibt, um mit dieser spektakulären Aktion die leeren Staatskassen zu füllen. Angetrieben von der festen Überzeugung, Frankreich könnte den Krieg noch gewinnen, wenn nur genug Geld da wäre, löst sie, wie der Schriftsteller Barbier im November 1759 notiert, eine ganze Welle der Unterstützung aus: »Seit einiger Zeit schon spricht man davon, dass die Leute ihr Tafelsilber zum Einschmelzen zur Münze bringen sollen. (…) Mme. la Marquise de Pompadour, die Marschallin de Belle-Isle, der Herzog de Choiseul und andere Minister haben ihr Silber schon zur Münze geschickt und, ihrem Beispiel folgend, haben jetzt die Prinzen von Geblüt und die anderen Höflinge zugesagt, ebenso zu verfahren. Jeden Abend bringt man dem König die Liste mit den Namen derjenigen, die ihr Silber schon abgeliefert haben.«[8]

Im Zuge der Silberschmelze, bei der auch Bilderrahmen und besonders Spiegel zur Münze gebracht werden, kommen schlichte Spiegel in Mode, deren Holzrahmen in einfachen Farben gestrichen werden. Es ist also weder ein Zufall, dass François Boucher bei der ersten Vergrößerung des ovalen Porträts um 1760 ausgerechnet einen solchen Holzspiegel hinzufügt, noch dass dieser in so auffälligem Kontrast zu dem prächtigen Toilettenspiegel steht, den uns derselbe Künstler 1747 auf einer Porträtstudie der Mätresse gezeigt hat. Die Botschaft des dezenten Objekts ist eindeutig: Madame de Pompadour setzt sich mit ihren persönlichen Besitztümern für Frankreich ein und begnügt sich jetzt mit einfachen Dingen, obwohl sie normalerweise von Luxus umgeben ist. Durch das simple Hinzufügen eines Spiegels wird der Toilettentisch im Bildnis von 1758 zum politischen Statement. Es handelt sich nun um einen Ort der Macht, an dem eine inzwischen allgegenwärtige Favoritin geradezu ikonisch überhöht thront. Ihre Handlungen dirigieren das Verhalten der Höflinge.

Interessanterweise taucht nicht nur der Toilettenspiegel zum ersten Mal in der frühen Porträtstudie auf, sondern auch das Perlenarmband mit dem Profil des Königs. 1747 hält Madame de Pompadour es unauffällig in der linken Hand; ein verdeckter Hinweis auf die Quelle ihrer Macht, der damals allerdings nur von den Adligen verstanden werden konnte, die das kostbare Geschenk des Königs schon gesehen hatten. 1758 taucht das Perlenarmband wieder auf. Dieses Mal ist es allerdings so auffällig und klar identifizierbar präsentiert, dass wir mehr dahinter vermuten müssen als den erneuten simplen Verweis auf den König als Garant ihrer Position. Zumal die Mätresse solche Art von Legitimierung um 1758 nicht mehr nötig hat: Seit 1750 ist sie so autonom geworden, dass schon die vorangegangenen drei Porträts vorhandene Hinweise auf den Herrscher bewusst tilgen (wie in Delatours Porträt von 1755) oder ihn überhaupt nicht mehr erwähnen wie in den Gemälden von Boucher von 1757 und 1758.

Die Verbindung zu Ludwig XV. scheint als Begründungszusammenhang für die Mätresse überflüssig geworden zu sein. Warum also wird der König nun, als Gegenpol zu ihrem undurchdringlichen Gesicht, derart prominent in Szene gesetzt? Es lohnt an dieser Stelle, sich ein Gerücht in Erinnerung zu rufen, das 1758 schon eine Weile in Versailles zirkuliert und durch das stolz präsentierte Schmuckstück mit dem Profilbildnis des Königs elegant angedeutet wird, ohne eindeutig ausgesprochen zu werden: Hat Ludwig XV., wie einst der mächtige Sonnenkönig, seine Mätresse etwa heimlich geheiratet? Hat er sie in morganatischer Ehe oder ›Ehe zur linken Hand‹ zu seiner zweiten Ehefrau gemacht, obwohl Königin Marie Leszczyńska noch lebt?

Falls ja, wäre dies eine Ungeheuerlichkeit, die Hierarchien und Werte des Hofes endgültig sprengen würde, sollte sie sich jemals offiziell bestätigen. Zumal die selbstbewusste Geste der Mätresse, ihr jegliche Nachfrage ausschließender Blick, auch noch die allerschlimmsten Gerüchte zu bestätigen scheint: Madame de Pompadour trägt das Perlenarmband am rechten Arm, dort, wo es sich bei einer offiziellen Ehefrau befinden müsste und nicht links, wo eine ›Ehefrau zur linken Hand‹ ein die Ehe bezeugendes Schmuckstück tragen würde.

Folgt man den Farbverläufen des Bildes, so findet sich Rot als beherrschende Farbe. Das Rot – seit jeher die Farbe der Könige – breitet sich, ausgehend vom so auffällig inszenierten Rougekästchen mit dem Pinsel, über die roten Schleifen auf die Wangen und die feucht glänzenden Lippen bis zum rötlichen Hintergrund der Brosche mit dem Profil des Königs aus. Kontrastiert wird das Rot im Blau der Bänder und Gelb der Blüten zu den Grundfarben der Malerei. Den Farben, aus denen ein Künstler durch geschicktes Mischen auf seiner Palette jede weitere Farbe, auf seiner Leinwand die ganze Welt entstehen lassen kann. Beinahe wirkt es so, als hätte Madame de Pompadour, aus einem Miniaturfarbkasten Farbe aufnehmend, sich selbst gemalt, sich zu dem erschaffen, was sie am Ende der 1750er-Jahre ist: die eigentliche Macht im Staat. Die tatsächliche Kraft hinter dem im Bild auf Miniaturgröße reduzierten König, die gelassen und elegant ihr eigenes Bild ebenso gestaltet wie die Karrieren der mächtigsten Männer am Hof.

Frontal tritt sie uns gegenüber, als unüberwindliche Barriere zwischen der Welt und Ludwig XV. Ebenso rätselhaft wie der undurchschaubare König selbst, gestattet sie uns nur einen Blick auf ihr offizielles Antlitz, schmiedet sie ihre eigenen Pläne im Verborgenen, während sie uns aus intensiven Augen so selbstbewusst mitten ins Gesicht schaut, dass wir uns nur klein und unbedeutend vorkommen können. In der logischen Konsequenz dieser Aussage weist das ovale Bildnis zu Lebzeiten der Mätresse keine Künstlersignatur auf. Der Schriftzug ›François Boucher‹, angebracht zwischen Sessellehne und rechter Körperhälfte des Modells, wurde erst lange nach Madame de Pompadours Tod hinzugefügt. Sie selbst hat nun endgültig die Ausformulierung ihres Images übernommen.

Anmerkungen Kapitel 5:

Anm. 1: Goodman-Soellner, Elise: Boucher's Madame de Pompadour at her Toilette, in: Simiolus: Netherlands Quaterly for the History of Arts, Vol. 17, No.1, 1987, S. 41 ff.
Anm. 2: Falques (auch »Fauques«), Marie Anne Agnès: Die Geschichte der Marquisin von Pompadour, London, 1759
Anm. 3: Poulet-Malassis, Auguste (Hg.): Correspondance de Madame de Pompadour avec son père M. Poisson et son frère M. de Vandièrs, Paris, 1878, S. 181f.
Anm. 4: Zitiert nach Dade, Eva Kathrin: Madame de Pompadour. Die Mätresse und die Diplomatie, Köln, 2010, S. 105
Anm. 5: ebd., S. 122
Anm. 6: ebd., S. 171, Brief des Grafen Starhemberg an Graf von Kaunitz, 18. Juni 1756, Übersetzung A.Weisbrod
Anm. 7: Lever, Evelyne: Madame de Pompadour, Paris, 2000, S. 313, Übersetzung A. Weisbrod
Anm. 8: Barbier, Edmond-Jean-Francois: Journal d'un bourgeois de Paris sous le règne de Louis XV., Paris, 1963, S. 283, Übersetzung A. Weisbrod

Kapitel 6

Von Liebe und Freundschaft

François Boucher:
Madame de Pompadour mit der Skulptur
»Die Liebe küsst die Freundschaft«
von Jean-Baptiste Pigalle (1759)
Öl auf Leinwand, 91 x 68 cm
The Wallace Collection, London

Madame de Pompadours Stellung bleibt hart umkämpft. Mächtige Höflinge in Versailles versuchen wiederholt, ihren eigenen Einfluss durch eine neue Mätresse zu vergrößern. Für ihre ehrgeizigen Pläne benutzen sie hübsche Frauen aus guter Familie, die offiziell am Hof vorgestellt worden sind und Ende der 1750er-Jahre leicht zwanzig Jahre jünger als die Marquise gewesen sein dürften. Da die Beziehung zwischen Mätresse und König sich zu diesem Zeitpunkt in sexueller Hinsicht stark abgekühlt hat, erwächst ihrer Position daraus eine dauerhafte Bedrohung.

In der Biografieschreibung ist über die Art dieser Abkühlung – angeblich haben Ludwig XV. und Madame de Pompadour um das Jahr 1750 aufgehört, miteinander zu schlafen – und ihre Gründe viel spekuliert worden. Die meisten Biografen wollen in Madame de Pompadours Frigidität die Hauptursache entdecken, obwohl diese nur durch eine recht fragwürdige Quelle und ein paar zeitgenössische Pamphlete kolportiert ist. Schaut man sich die Memoiren von Madame de Pompadours Freundin und Kammerfrau Nicole du Hausset näher an, die in diesem Zusammenhang als Beleg zitiert werden, so erweisen sie sich schnell als unglaubwürdige Geschichte, gemischt aus tatsächlichen Begebenheiten und frei Erfundenem. Angesichts der abenteuerlichen Veröffentlichungsgeschichte muss selbst die Urheberschaft der Kammerfrau bezweifelt werden.

Die verwitwete Nicole du Hausset de Demaines, die Madame de Pompadour schon aus ihren Kindertagen kennt, gehört als persönliche Begleiterin und Kammerfrau zu ihrem Haushalt. Sie bewohnt eine kleine Kammer direkt hinter Madame de Pompadours Schlafgemach, von der aus sie angeblich Zeugin der Zusammenkünfte mit Ludwig XV. wird. Wie dem Vorwort der Memoiren zu entnehmen ist, hat Nicole du Hausset nach dem Tod ihrer Freundin die Erlebnisse in

Versailles aufgeschrieben und dem Bruder der Mätresse vermacht.[1] Dieser habe das Dokument wegen seines brisanten Inhalts sogleich im Kaminfeuer vernichten wollen. Kurz bevor er die Aufzeichnungen den Flammen übergeben kann, sei er jedoch vom späteren Herausgeber der Memoiren, Quentin Crawfurd, der zufällig anwesend gewesen sei, daran gehindert worden. Crawfurd – ein Abenteurer, der als Freund und Unterstützer von Marie Antoinette und ihrem angeblichen Liebhaber Axel Fersen von sich Reden machen wird – habe auf den ersten Blick den Wert des Berichts erkannt und beschlossen, ihn zu veröffentlichen, dies jedoch erst im Jahr 1809 im Rahmen seiner *Mélange d'histoire et de littérature* (Mischung aus Geschichte und Literatur) verwirklichen können.

Auch der Text selbst lässt eher an Märchen als an seriöse Memoiren denken, was selbst fundierte Biografien bis in die Gegenwart trotzdem nicht daran gehindert hat, ihn als historisch tragfähige Quelle zu verwenden.[2] Dabei wird als Beleg von Madame de Pompadours angeblicher Frigidität immer die folgende Passage zitiert:

»Seit mehreren Tagen hatte ich bemerkt, daß sich Madame Chocolade mit dreifacher Vanille und Ambra angemacht zum Frühstück bringen ließ; daß sie Trüffeln und Zelleri-Suppen aß. Da ich sie sehr erhitzt fand, so machte ich ihr Vorstellungen über diese Lebensweise, auf die sie aber nicht zu achten schien. Nun hielt ich es für meine Pflicht, ihre Freundin, die Herzogin von Brancas, darauf aufmerksam zu machen. ›Ich bin es auch gewahr geworden‹, sagte mir diese, ›und ich will mit ihr in Ihrer Gegenwart darüber reden.‹ Wirklich theilte ihr auch Frau von Brancas ihre Besorgnisse über ihre Gesundheit mit. ›So eben haben wir‹, sagte die Herzogin indem sie auf mich zeigte, ›davon gesprochen und sie ist ganz meiner Meinung.‹ Madame war erst ein bisschen unwillig, fing aber dann an, bitterlich zu weinen. Ich verschloss sogleich die Thüre und kam wieder zurück, um ihre Klagen mit an zu hören.«[3] Im weiteren Verlauf des Gesprächs habe die Marquise dann ihrer Kammerfrau und der Herzogin gestanden, dass der König sich nachts immer häufiger von ihr zurückziehe …

Diese Textstelle ist der einzige, äußerst zweifelhafte Beleg für Madame de Pompadours fehlendes sexuelles Verlangen und das daraus resultierende Ende des Beischlafs, das ansonsten nur in den »Poissonaden« thematisiert wird, den Spottgedichten und Pamphleten über die Mätresse. Ob die sogenannte Frigidität tatsächlich der Grund für die Veränderung ihrer Beziehung zu Ludwig XV. ist, muss angesichts einer derart dünnen Quellenlage ebenso dahingestellt bleiben wie die Vermutung, Madame de Pompadour und Ludwig XV. hätten den Beischlaf wegen ihrer vielen lebensbedrohlichen Fehlgeburten einstellen müssen, um ihr Leben nicht durch eine weitere Schwangerschaft aufs Spiel zu setzen, oder die Überlegung, die beiden hätten vielleicht nur so getan, als würden sie nicht mehr miteinander schlafen.

Fakt ist, dass mit dem Ende der 1740er-Jahre ein entscheidender Wandel in der Kommunikation über die Art der Beziehungen zwischen Mätresse und König eintritt.

Die neue, verblüffende Botschaft lautet: Madame de Pompadour ist von der Geliebten des Königs zu seiner unersetzlichen Freundin geworden und kann deshalb ihre Position als offizielle Mätresse behalten, obwohl zwischen den beiden kein Liebesverhältnis im eigentlichen Sinne mehr besteht.

Leider schweigen die Briefe der Marquise zu diesem einschneidenden Wandel, doch er bietet jahrelang viel Gesprächsstoff unter den verwunderten Bewohner.innen von Versailles. Am 16. Dezember 1750 schreibt ihr Erzfeind, Kriegsminister d'Argenson: »Man versichert aus allen gut unterrichteten Kreisen, dass es keinerlei Liebesvergnügen mehr zwischen ihr und ihrem königlichen Liebhaber gibt. Daher muss man wohl davon ausgehen, dass es ebenfalls nicht mehr die Liebe ist, die ihr so viel Einfluss auf ihn verschafft.«[4] Danach holt er zwei Monate lang Erkundigungen ein, um sich schließlich am 2. Februar 1751 frustriert zu notieren: »Man ist sich sicher, dass der König die Absolution erhalten wird und zu Ostern die Kommunion empfangen kann. Die Marquise sagt, dass nur noch Freundschaft zwischen ihr und dem König bestehe. (…) Auch lässt sie sich für Bellevue eine Statue anfertigen, die sie als Göttin der Freundschaft zeigt.«[5]

Im April 1754 trägt der wie immer gut unterrichtete Herzog de Luynes in sein Tagebuch ein: »Madame de Pompadour ist von der Mätresse zur Freundin des Königs geworden und übt durch diesen neuen Status vielleicht sogar noch mehr Einfluss auf ihn aus, als zuvor.«[6] Und auch der Graf de Dufort de Cheverny, der für die Vorstellung der ausländischen Botschafter zuständige Hofmarschall, ist sich wenig später sicher: Der König »betrachtete Madame de Pompadour als eine unersetzliche Freundin; sie spürte genau, dass sie, falls sie anderes begehren, nicht nur allen Einfluss verlieren, sondern schließlich als eine unbequeme Überwacherin sein Missfallen auf sich ziehen würde.«[7]

Schauen wir uns die politischen und gesellschaftlichen Ereignisse dieser Jahre näher an, so finden wir einen ganz konkreten Grund für den demonstrativ zur Schau gestellten Wandel in den Beziehungen zwischen Pompadour und Ludwig. Ende der 1740er-Jahre bereitet sich der Hof auf das Jubeljahr vor. Solche »Heiligen Jahre« wurden von der katholischen Kirche seit 1300 als bedeutungsvolle Ereignisse der Demut und Umkehr gefeiert. Es galt für die Erlösung jedes einzelnen Gläubigen als unabdingbar, in diesem Jahr Vergebung für begangene Sünden zu erlangen. Im Verlauf der

Jahrhunderte wurde der Rhythmus der Heiligen Jahre im Jahr 1475 von ursprünglich 100 Jahren auf 25 Jahre gesenkt, damit jeder Gläubige wenigstens einmal im Leben daran teilnehmen konnte. Für den fünfundvierzigjährigen, katholischen König Ludwig XV. ist es demgemäß äußerst wichtig, im Jahr 1750 für seine Erlösung zu beten. In einem Jahrhundert, in dem die durchschnittliche Lebenserwartung für Männer bei 55 Jahren liegt, kann es leicht passieren, dass der König das nächste Jubeljahr, 1775, nicht mehr erlebt. In der Tat stirbt Ludwig ein Jahr vorher qualvoll an den Pocken, die er sich bei einem flüchtigen Liebesabenteuer mit einer jungen Dienerin eingefangen hat.

In den Augen der Kirche ist es nicht nur für Ludwigs persönliches Seelenheil von größter Bedeutung, die Sakramente zu empfangen. Er soll auch seiner Vorbildfunktion als »Le Roi très chrétien« (Allerchristlichster König) gerecht werden, einem Titel, den die französischen Könige seit der Mitte des 15. Jahrhunderts führen und der sie zu gottähnlichen Wesen erhebt. So werden dem gesalbten, sündenfreien König wundertätige, heilende Kräfte nachgesagt, die er bei seiner Krönung und jährlich zu Ostern im direkten Kontakt mit seinen Untertanen unter Beweis stellen muss. Zu diesem Anlass strömen viele an einer ansteckenden Drüseninfektion namens »Skrofulose« erkrankte Menschen teils von weither nach Versailles. Ermutigt durch zahllose Berichte von Spontanheilungen hoffen sie, dass der König sie nach der Ostermesse durch Handauflegen von ihrem entstellenden Leiden befreien wird. Seit vielen Jahren pilgern die Kranken vergeblich nach Versailles: Ludwig XV. kann weder die heilige Kommunion empfangen noch durch Handauflegen heilen. Um dies zu tun, hätte er nicht nur um Vergebung seiner Sünden bitten, sondern auch seine außerehelichen Liebschaften endgültig beenden müssen, was ihm trotz einiger halbherziger Versuche auf Dauer unmöglich erscheint.

Kurz vor Madame de Pompadours Aufstieg hätte die Kirche 1744 beinahe schon einmal über den notorischen Ehebrecher triumphiert: Der König, der seine Truppen im Osten Frankreichs im Erbfolgekrieg gegen Österreich anführte, erkrankte im Feldlager in Metz so schwer, dass seine Leibärzte um sein Leben fürchteten. Auf Druck der Kirche verbannte der König seine damalige Mätresse, die Herzogin de Châteauroux, die ihn nach Metz begleitet hatte. Sein unerbittlicher Beichtvater nötigte ihn zu einem peinlichen öffentlichen Geständnis, das von der Kirche in ganz Frankreich verbreitet wurde. Das Ansehen des Königs hinsichtlich seiner Durchsetzungsfähigkeit wurde dadurch dauerhaft beschädigt. Lange konnte die Kirche ihren Triumph allerdings nicht auskosten, denn nachdem sich Ludwig, anstatt zu sterben, wie durch ein Wunder völlig von seiner Krankheit erholt hatte, entzog er sich sofort wieder dem Einfluss der Kirche. Nach dem überraschenden Tod der Herzogin de Châteauroux im Dezember 1744 wandte er sich schon im März 1745 der schönen Madame de Pompadour zu.

1749 gibt das neue Jubeljahr der mächtigen Kirchenpartei erneut ein Mittel in die Hand, den abtrünnigen König zur Umkehr zu bewegen. Die Herrschaft der Mätressen soll endgültig beendet werden. Der König, einmal vom Einfluss seiner ambitionierten Geliebten befreit, soll sich wieder der gläubigen Königin und den machtpolitischen Interessen der Kirche zuwenden. Um Druck auf den sündigen Monarchen auszuüben, bedient man sich seiner gläubigen Töchter, die ihren Vater lieben und sich aufrichtig um sein Seelenheil sorgen. Bald macht es sich die gesamte Familie zur Aufgabe, Ludwig zur Beichte zu bewegen. Jede einzelne seiner Töchter lässt sich ausführlich darüber aus, wie wichtig die Beichte im so lange herbeigesehnten Jubeljahr ist. Wenn sie endlich mit ihren höflich verpackten Vorhaltungen fertig sind, ergreift der tiefreligiöse Thronfolger das Wort, und nach ihm fährt die gläubige Königin fort. So lange, bis Ludwig, mürbe geworden, gemeinsam mit Madame de Pompadour nach einer Lösung des Problems sucht. Wobei er keineswegs gewillt ist, sich von seiner Mätresse zu trennen – dazu ist sie ihm in ihren vier Jahren am Hof zu wichtig geworden.

In diesem Moment muss den beiden die äußerst clevere Idee einer Umdeutung ihres Verhältnisses von Liebe zu Freundschaft gekommen sein. Sie unternehmen in der Folge alles, um ihre Umgebung von dem überraschenden Wandel in Kenntnis zu setzen. Praktischerweise gibt es genau zu diesem Zeitpunkt in Versailles räumliche Veränderungen, von denen der König und die Mätresse in verschiedener Hinsicht profitieren können: Ende 1749 zieht Madame de Pompadour aus ihren Gemächern im obersten Stockwerk des Schlosses, die in ihrer Beengtheit und Abgeschiedenheit eher wie ein intimes Liebesnest gewirkt haben, in eine repräsentative Zimmerflucht im Erdgeschoss um. Ihre neuen Räume sind Teil einer großen Wohnung direkt unter dem Appartement des Königs, die bis dahin von der Gräfin de Toulouse und ihrem Sohn, dem Herzog de Penthièvre, bewohnt wurde. Die beiden Stockwerke sind durch eine kleine Wendeltreppe zwischen den Schlafgemächern verbunden, die noch auf die Zeit des Sonnenkönigs und seiner Mätresse Montespan zurückgeht. Zwar hoffen die königlichen Prinzessinnen auf einen Teil der großzügigen Räume, weil sie sich davon einen privaten Zugang zu ihrem Vater versprechen. Am Ende gewinnt jedoch Madame de Pompadour den Kampf um den begehrten Wohnraum. Sie verfügt nun über zwei Vorzimmer, ein großes Arbeitszimmer, ein Schlafzimmer, einen Salon, ein kleines Kabinett mit zugehörigem Hinterzimmer, ein Badezimmer, ein

Ankleidezimmer und einen Ruheraum. Außerdem gehört ein Zwischengeschoss mit weiteren Zimmern zur Wohnung, in denen Madame de Pompadours Leibarzt Dr. Quesnay und Nicole du Hausset untergebracht werden. In einem Brief an ihre am Straßburger Hof lebende Freundin Madame de Lutzelbourg freut sich die Mätresse: »Der König hat mir die Wohnung von Monsieur und Madame de Penthièvre zugewiesen, was mir sehr gelegen kommt. Sie selbst ziehen in die Räume der Gräfin de Toulouse um, die nur ein Zimmer für sich behält, um abends den König zu empfangen. Alle sind sehr zufrieden und ich bin es natürlich auch.«[8]

Wie meistens bei den Briefen der Marquise handelt es sich bei dem kurzen Schreiben nicht um einen Tatsachenbericht, sondern um Propaganda: In Wirklichkeit ist nämlich niemand zufrieden, außer ihr selbst. Weder die Gräfin de Toulouse, die nun die Mätresse des Königs als direkte Wohnungsnachbarin hat, noch die Prinzessinnen, die die Entscheidung ihres Vaters als persönliche Niederlage empfinden. Nur Madame de Pompadour hat in mehrerlei Hinsicht allen Grund, sich über den Umzug zu freuen: Die prachtvollen Räume verleihen ihrer Machtstellung am Hof ein offizielles Gesicht, immer häufiger bittet Ludwig XV. seine Minister nach der Staatsratssitzung zu weiteren Beratungsgesprächen zu ihr. Sie muss nicht mehr beständig Treppen steigen, was ihrem angegriffenen Herzen zugutekommt, und sie verfügt über einen diskreten Zugang zum König. Nun können sie sich, wann immer sie wollen, sehen, ohne dass es jemand mitbekommt. Niemand weiß mehr, ob Ludwig die Nacht bei ihr verbracht hat oder nicht. Durch eine unauffällige Tapetentür in seinem prunkvollen Schlafgemach kann er vor seinem offiziellen Aufstehen unbemerkt aus ihrem Schlafzimmer direkt in sein eigenes Bett schlüpfen.

Nachdem die tatsächliche Art ihrer Beziehung den misstrauischen Blicken entzogen ist, widmet sich Madame de Pompadour der Aufgabe, ihre Wandlung von der Geliebten des Königs zu seiner platonischen Vertrauten breitenwirksam zu kommunizieren. Die Veränderung im Verhältnis zum König lässt sich in ihrem Bildprogramm mit einem exakten Datum belegen:

Ende 1749, etwa um dieselbe Zeit, als die Marquise den Streit um die Wohnung für sich entscheidet, erhält Jean-Baptiste Pigalle den Auftrag, eine Skulptur für sie anzufertigen. An den europäischen Höfen ist der Bildhauer besonders für seine lebensecht anmutenden Werke berühmt, unter anderem porträtiert er Voltaire nackt auf einem Baumstumpf sitzend so eindrücklich, dass Friedrich II. eine Kopie der Statue für Schloss Sanssouci bestellt. Für Madame de Pompadour soll er eine Marmorstatue zum Thema »Freundschaft« als deren Porträt entwerfen. Auch die Marquise selbst beginnt eine länger anhaltende künstlerische Auseinandersetzung mit dem Freundschaftsthema.

Unter anderem fertigt sie eine Reihe von 52 Kupferstichen an, die unter dem Titel *Suite d'estampes gravée par Madame la Marquise de Pompadour d'après les pierres gravées par Guay, graveur du Roi* (Sammlung von Grafiken der Madame la Marquise de Pompadour, angefertigt nach den Kupferstichen von Guay, Kupferstecher des Königs)« in den 1750er-Jahren veröffentlicht werden. Drei Blätter der Sammlung, mit den Titeln *Die Liebe opfert der Freundschaft*, *Die Liebe und die Freundschaft* und *Der Tempel der Freundschaft*, dienen 1753 als Vorlage für Madame de Pompadours neues Siegel, einen dreiseitig geschnittenen Topas, der auf einen Siegelschaft montiert wird. In hochwertiges Leder zu einer Mappe gebunden, werden die meisterlich ausgeführten Stiche als exklusives Präsent der Mätresse an ausgewählte Personen verschenkt. Im

November 1755 geht ein Exemplar mit folgendem Brief an den französischen Botschafter Stainville in Rom: »Ich schicke Ihnen beiliegend, da Sie es wünschen, eine Ausgabe meiner Kupferstiche, es fehlen noch ein paar Blätter, die Ihnen zukommen werden, sobald ich sie erhalten habe.«[9] Im Jahr 1756 verschenkt sie ein weiteres Exemplar an den Markgraf de Paulmy, der, anders als sein Onkel, Kriegsminister d'Argenson, zu ihren Günstlingen gehört.

Ihre eigene künstlerische Auseinandersetzung mit der Freundschaft lässt vermuten, dass die Ausführung der Pigalle-Skulptur in enger Zusammenarbeit zwischen ihr und dem Künstler entwickelt wird. Der Bildhauer fertig zunächst zwei kleine Modelle der Skulptur aus Gips und Marmor an. Die lebensgroße Skulptur selbst, die mit 1,58 Metern exakt Madame de Pompadours Körpergröße entspricht, soll in Marmor ausgeführt und im Schlosspark ihres zu diesem Zeitpunkt noch im Bau befindlichen Schlosses Bellevue aufgestellt werden. Am 17. März 1750 schreibt der Verwalter und Gartenarchitekt von Bellevue, Garnier d'Isle, an Madame de Pompadours Ziehvater Tournehem, der als Direktor der königlichen Bauwerke den Auftrag für die Skulptur im Namen von Madame de Pompadour erteilt hat: »Die Figur der Freundschaft, die Monsieur Pigalle in Gips angefertigt hat, ist wirklich ausgesprochen schön. Es müssen nur noch einige Teile der Kleidung fertiggestellt werden und ich glaube, dass Sie, mein Herr, mit dem Ergebnis höchst zufrieden sein werden.«[10]

Zu Beginn des Jahres 1751 beginnt Pigalle mit der endgültigen Version des Modells, für die er bis dahin vier Entwürfe angefertigt hat. Ursprünglich hatte er das neue Kunstwerk unter dem Titel *Die Erziehung Amors* ausgehend von einem neoplatonischen Gedicht mit dem komplizierten Titel *Hypnerotomachia Poliphili* entworfen. Dieses ist in Frankreich zwar äußerst populär und seit seiner Entstehung im 16. Jahrhundert Gegenstand vieler Kunstwerke, trotzdem erweist es sich für Madame de Pompadours Zwecke schnell als viel zu kompliziert. Für die bildliche Präsentation ihrer neuen Freundschaft zum König sucht sie nach einer leicht verständlichen Umsetzung. Und so lässt Pigalle, nach einem enttäuschenden Probelauf in der Salonausstellung von 1751, diese Spielart des Themas fallen.

Schließlich orientiert er sich an der *Iconologia* von Cesare Ripa, einer berühmten Sammlung von Allegorien und beschreibenden Texten von 1593, die der Kunst der folgenden Jahrhunderte in hohem Maße als Inspirationsquelle dienen sollte. Die Freundschaft wird bei Ripa folgendermaßen beschrieben: »Sie ist in eine schlichte, weiße Robe gekleidet, die linke Schulter und der schöne Hals sind nackt; mit der rechten Hand weist sie auf ihr Herz, zu ihren Füßen befinden sich Blumen aller Jahreszeiten, denn die Liebe blüht nur kurze Zeit, während die Freundschaft die Zeiten überdauert.«[11]

In einer Abwandlung des Textes von Ripa, der seiner Freundschaft Muscheln und Weinblätter als Zeichen einer unwandelbaren Zuneigung in die Hand gibt, lässt Jean-Baptiste Pigalle die Hände der Porträtierten leer. In einer entäußernden Geste scheint die Skulptur ihr Herz darzubieten, auf das ihre rechte Hand anmutig verweist. Der Bildhauer bedient sich hier einer Bildsprache, wie sie eindeutiger nicht sein könnte. Vor allem ist sie perfekt geeignet für den künftigen Standort des Kunstwerks: Im Schlosspark von Bellevue wird die Porträtskulptur 1753 in einer eigens dafür angelegten Waldlichtung gegenüber einer Statue von Ludwig XV. aufgestellt, wodurch der Eindruck entsteht, die zur Freundin gewandelte Mätresse würde dem König ihr Herz überreichen. Im Mai 1756, bei einem Besuch der Königin im Schloss Bellevue, erklärt der verlegene Schlossverwalter Marie Leszczyńska beim Anblick der Marmorgruppe recht unbeholfen: »Dies hier war einst ein Liebeshain, aber heute ist es der Hain der Freundschaft.«[12]

In den wenigen Jahren zwischen Auftragserteilung und Fertigstellung der ersten Skulptur von Pigalle hat sich die Veränderung in der Beziehung zwischen König und Mätresse etabliert. Niemand zieht mehr in Zweifel, dass zwischen den beiden nur noch platonische Gefühle herrschen. Nur die Kirche gibt sich nicht mit dem gewandelten Liebesverhältnis zufrieden. Für sie bleibt der begangene Ehebruch ein unauslöschlicher Makel. Tilgen ließe er sich in den Augen der strengen Gottesmänner nur durch eine Verbannung der Mätresse vom Hof. Doch der König ist nicht gewillt, seine Vertraute ziehen zu lassen, die ihm auch in politischen Fragen zur wichtigsten Beraterin geworden ist.

Zur großen Sorge der gläubigen Königsfamilie verstreicht das Heilige Jahr 1750 ebenso wie das Jahr 1751, in dem Kriegsminister d'Argenson noch vermutet hatte, dass die Kirche dem König verzeihen würde. Ludwig XV. ist jedoch weder die Absolution erteilt worden noch hat er die Kommunion empfangen. Stattdessen macht er Madame de Pompadour im Oktober 1752 zur Herzogin de Ménars und erlaubt ihr, bei der theologischen Fakultät der Pariser Universität Sorbonne anzufragen, ob es eine Möglichkeit gebe, als platonische Freundin des Königs am Hof zu bleiben. Die ebenso knappe wie deutliche Antwort der empörten Theologen der altehrwürdigen Pariser Universität lautet: Nein! Die Marquise ist eine verheiratete Frau und ihr Ehemann lebt noch.

Angesichts der unerbittlichen Haltung der Kirche setzt Madame de Pompadour weiter auf die magische Kraft der Kunst. Im Jahr 1754 bestellt sie eine zweite Skulptur bei Jean-Baptiste Pigalle: Jetzt soll der Bildhauer den eigentlichen Prozess des Beziehungswandels zwischen Mätresse und

König künstlerisch umsetzen. Wiederum ist die Marmorgruppe für den Schlossgarten von Bellevue bestimmt. Jedoch wird *Die Liebe küsst die Freundschaft* erst im Jahr 1758 geliefert, ein Jahr nachdem Madame de Pompadour Schloss Bellevue für 325 000 Livres an Ludwig XV. verkauft hat. Schließlich findet das Kunstwerk seinen Standort im Garten von Madame de Pompadours Pariser Stadtpalais, dem Hotel d'Evreux, wo sich heute unter dem Namen »Elysée« der Sitz des französischen Staatspräsidenten befindet. Pigalles neues Meisterwerk zeigt den Triumph der Freundschaft über die Liebe, die durch einen kleinen Amor symbolisiert wird. Der pummelige Gott der Liebe hat Pfeil und Bogen abgelegt und scheint sich in die zärtlich geöffneten Arme der Freundschaft zu flüchten, zu deren Füßen wiederum nach Ripa ein Blumenkranz mit Blüten aller Jahreszeiten als Symbol der Unvergänglichkeit der wahren Freundschaft liegt.

Leider nützt das künstlerische Großaufgebot nichts – die Angriffe der Kirche lassen nicht nach. Madame de Pompadour sucht deshalb nach einem weiteren Weg, um ihren Verbleib am Hof zu sichern. Da ihre geläuterte Beziehung zum König nicht ausreicht, wendet sie sich der Religion zu, um die Kirche endgültig auf ihre Seite zu bringen. Im Jahr 1755 nimmt sie sich einen Beichtvater, der ihr bei der Bekehrung helfen soll. Pater de Sacy gehört als Kaplan zum Haushalt des Prinzen de Soubise, einem der engsten Freunde Madame de Pompadours. Mit seiner geistlichen Führung vollzieht sich unter den Augen der perplexen Höflinge die radikale Wandlung der als freigeistig bekannten Mätresse. Immer häufiger findet man sie in religiöse Lektüre vertieft. Als eifrige Kirchgängerin lauscht sie neuerdings sogar geduldig den endlosen, erbaulichen Ausführungen des Hofpredigers. In langen Gesprächen mit ihrem Beichtvater entsteht die Idee, einen Versöhnungsversuch mit ihrem zehn Jahre zuvor so abrupt verlassenen Ehemann zu unternehmen. Doch eine diesbezügliche briefliche Anfrage Madame de Pompadours wird von Monsieur Lenormant d'Etiolles höflich dankend abgelehnt. Wieso sollte er auch ihrem Ansinnen nachgeben? Es ist stadtbekannt, dass er sich längst mit einer hübschen Ballerina der Pariser Oper über den Verlust seiner untreuen Gattin getröstet hat.

Allerdings darf auch die Ernsthaftigkeit von Madame de Pompadours viel beachtetem Schritt bezweifelt werden. Böse Zungen am Hof behaupten, der König und Madame de Pompadour hätten dem gehörnten Ehemann zusammen mit dem Brief den Prinzen de Soubise geschickt, der ihm dringend abgeraten habe, das unterbrochene Eheverhältnis wieder aufzunehmen. In den Augen der Mätresse und ihres Umfeldes ist der Sache mit diesem Vorstoß weit mehr als Genüge getan. Der Kirche reicht ihr allzu durchsichtiger Versuch noch immer nicht. Da schlägt ihr Beichtvater vor, ihr mit einem Hofamt einen vom König unabhängigen, offiziellen Platz in Versailles zu verschaffen. Die Wahl fällt schnell auf einen Posten als außerordentliche Palastdame der Königin. Ludwig XV. teilt ihn seiner Mätresse gegen den Willen seiner streng gläubigen Frau zu. Obwohl wir davon ausgehen können, dass Madame de Pompadour an diesem Plan maßgeblich beteiligt ist, gibt sie sich bescheiden. Am Tag nach ihrer Ernennung als Hofdame schreibt sie an ihren Freund Stainville:

»Die Partei der Gläubigen, der ich mich nach reiflicher Überlegung angeschlossen habe, bezichtigt mich der Gerissenheit, Berechnung, ja selbst der Falschheit. Dabei bin ich nichts weiter als eine arme Frau, die seit zehn Jahren das Glück sucht und nun endlich glaubt, es gefunden zu haben. Ich habe auf Anweisung des Paters de Sacy meinem Mann geschrieben. Er hat mir in seinem Antwortschreiben alles erdenklich Gute gewünscht, jedoch deutlich gemacht, dass er mich nie wieder sehen will. Der Pater hat darüber hinaus angeordnet, dass ich mich um ein Hofamt bemühen soll, das mir mehr Ehrbarkeit verleiht. Der König war so freundlich, der Königin zu schreiben, die mich daraufhin zur außerordentlichen Palastdame gemacht hat. Ich bin trotzdem betrübt, dieses Amt erhalten zu haben, erlaubt mir doch mein schwaches Herz keineswegs, einen solchen anstrengenden Dienst wirklich zu verrichten, und doch habe ich mich darum bemüht.«[13]

Natürlich betreibt die Marquise mit diesem demütigen Brief Politik. Stainville, der sich zum Zeitpunkt des Schreibens als französischer Botschafter in Rom aufhält, wird dessen Inhalt mit Sicherheit an höchster Stelle im Vatikan verbreiten. Auch am Hof selbst zahlt sich ihre Beharrlichkeit aus. Immer mehr Menschen sind davon überzeugt, dass sich ihre Überzeugung wirklich geändert hat. Der Herzog de Croÿ bemerkt, »da sie eigentlich noch nie zu Falschheit geneigt hat, scheint es so, als wäre sie auch jetzt aufrichtig«, und selbst der religiöse Herzog de Luynes notiert sich in seinem Tagebuch: »Sie gibt sogar offen zu, dass sie sich nicht so zur Religion hingezogen fühlt, wie sie es eigentlich tun sollte. Dass sie aber hofft, diesen Zustand der Gnade durch ihre unausgesetzten Gebete zu erreichen. Gesundheitlich geht es ihr äußerst schlecht, wodurch sie sehr eingeschränkt ist. Oftmals sind es aber genau diese Mittel, derer sich Gott bedient, um einen Menschen zur seelischen Umkehr zu bewegen.«[14]

Um auch die letzten Zweifler zu überzeugen, lässt die Marquise die Wendeltreppe zwischen ihrer und der Wohnung des Königs im darüberliegenden Stockwerk zumauern, so dass der Monarch tagsüber durch einen großen, überfüllten Salon gehen muss, um sie aufzusuchen. Abends empfängt sie die Gäste in den Privaträumen des Königs allerdings wie immer als seine Tischdame, was den Herzog de Croÿ zu folgendem Tagebucheintrag bewegt: »Das alles ergab eine Mischung, wie die Welt sie noch nicht gesehen hatte.«[15]

Der neue Status der Mätresse entwickelt sich im Verlauf der 1750er-Jahre zu einem alles beherrschenden Thema. So ist es kaum verwunderlich, neben den beiden Skulpturen auch zwei Porträts zu finden, die ihre neue Rechtschaffenheit explizit in Szene setzen: Die Aufträge für beide Gemälde ergehen in kurzer Folge an ihren Lieblingsmaler François Boucher, beide haben den Wandel der Liebe zur Freundschaft zum Thema und beide werden im Jahr 1759 fertiggestellt.

Auf dem ersten, heute in der Wallace Collection London befindlichen Porträt tritt uns Madame de Pompadour in altbekannter Manier mit einem üppigen, champagnerfarbenen Tageskleid, zierlichen Schuhen, tiefem Halsausschnitt und leicht gepudertem Haar entgegen. Um den schlanken Hals trägt sie eine Halskrause aus duftiger Spitze, ihre Wangen sind leicht gerötet, im Dekolleté und zu ihren Füßen befinden sich Rosen, und sie trägt die beiden auffälligen Perlenarmbänder, die wir schon auf mehreren anderen Porträts bewundern konnten. Erneut schaut sie uns direkt in die Augen, dieses Mal wirken ihr leicht geneigter Kopf, das angedeutete spöttische Lächeln allerdings wie eine Aufforderung, die eigentliche Botschaft des Bildes zu entschlüsseln. Zum zweiten Mal nach 1758 wird sie in einer natürlichen Umgebung dargestellt. In einem kleinen Hain, der mit einem Bäumchen im Kübel und Spalierpflanzen nach Art französischer Gärten kultiviert ist, lehnt sie sich grazil an *Die Liebe küsst die Freundschaft* von Jean-Baptiste Pigalle. Auf einer grünen Gartenbank rechts neben ihr sitzt wieder ein kleiner Hund, dieses Mal ihre Spanielhündin Ines, als Symbol unverbrüchlicher Treue. Von Ines gibt es auch einen von ihr selbst angefertigten Kupferstich mit dem Titel *Die Treue* in der Sammlung *Suite d'estampes gravée par Madame la Marquise de*

Pompadour (Sammlung von Grafiken der Madame la Marquise de Pompadour). Bouchers Gemälde von 1759 zelebriert den neuen Status der Marquise: Wir sehen nicht mehr die Mätresse des Herrschers, sondern seine treue Freundin. Entspannt und ihrer neuen Rolle sicher tritt sie uns entgegen, noch ebenso schön, so alterslos frisch wie 15 Jahre zuvor, da sie als anmutige Geliebte Herrscher und Hof in ihren Bann schlug.

Bouchers zweites Gemälde widmet sich dem Thema »Liebe und Freundschaft« in allegorischer Form. Bisher ist das Bild, das sich heute unter dem irreführenden Titel *Der Angler* in der Hamburger Kunsthalle befindet, noch nicht als Allegorie auf Madame de Pompadour und Ludwig XV. identifiziert worden. Dabei ist die Verbindung augenfällig: In einer arkadischen Naturlandschaft liegen unter Bäumen hingestreckt eine Frau mit Madame de Pompadours zarten Gesichtszügen und ein Kind, das eine kleine Angel in der Hand hält, die unschwer als Protagonisten der dargestellten Szenerie zu erkennen sind. Beide Figuren sind wie von innen heraus erleuchtet und durch Blicke und Gesten innig miteinander verschränkt. Ihre einfache Frisur, das schlichte weiße Kleid und die entäußernde Geste ihrer linken Hand in Richtung des liegenden Kindes weisen die Frau klar als »Freundschaft« aus. Im Kind mit der kleinen Angel und seinen zur »Freundschaft« hin geöffneten Ärmchen erkennen wir Amor. Schaut man sich die beiden Figuren noch genauer an, scheint es, als hätte Boucher die »Freundschaft« (Madame de Pompadour) und die »Liebe« (Amor) der zweiten Skulpturengruppe von Pigalle genommen und einfach räumlich auseinandergerückt. Sie halten sich nun zwar nicht mehr im Arm, sind aber durch Blicke und Gesten untrennbar miteinander verbunden. Während der Bildhauer Pigalle nur die Figur der »Freundschaft« meisterhaft als Porträt der Madame de Pompadour umgesetzt hatte, geht der Maler Boucher noch einen Schritt weiter: Mit seinem angelnden Amor spielt er auf eine von ihm selbst angefertigte Zeichnung an, auf der er die Erziehung des zu einem Amor verkindlichten Ludwig XV. durch Venus dargestellt hat. Als Teil der berühmten Sammlung *Die Geschichte Ludwigs in Medaillen* war die Zeichnung in Versailles weithin bekannt. Venus und Ludwig sind hier gestisch auf ebensolche Weise verschränkt wie die »Freundschaft« und die »Liebe« in Bouchers Gemälde in der Hamburger Kunsthalle. Der titelgebende Angler, der in der Kunst des 18. Jahrhunderts als leicht verständliches Synonym für die »Liebe« eingesetzt wird, taucht im Gemälde, obwohl er mit seiner demonstrativ in die Höhe gehaltenen Angel eine erwachsene Variante des liegenden Kindes zu sein scheint, nur noch als Symbol eines von der »Freundschaft« unbeachteten Zustands auf. Ihr Blick, ihre Handbewegung, ihr ganzes Sehnen ist ausschließlich auf den kleinen Gott der Liebe gerichtet, der eben noch in einem Bottich angeln wollte, in dem einige Fische, in der Kunst Sinnbild der Sexualität, auffällig mit den Schwanzflossen schlagen. Nun wendet er sich mit innig geöffneten Armen der »Freundschaft« zu.

Um auch noch den letzten Zweifel auszuräumen, wer sich hinter »der Freundschaft« verbirgt, versieht Boucher das Gemälde mit einer eleganten Anspielung auf Madame de Pompadours Herkunft und ihren Mädchennamen Poisson, der ihr in ihren ersten Jahren am Hof so viel Spott und Häme eingetragen hatte. Dazu lässt er die »Freundschaft« einen vom Angler demonstrativ hochgehaltenen Fisch mit ihrem Handrücken streifen. Sie berührt ihn wie einen kleinen Fingerzeig auf vergangene Zeiten, wie eine Visitenkarte, die gleichzeitig als Symbol ihrer beeindruckenden Karriere gelesen werden kann. Der Fisch mag den Humor der Mätresse angesprochen haben, in jedem Fall enthält er eine Reminiszenz an ihren eigenen offensiven Umgang mit den Angriffen früherer Zeiten.

François Boucher:
Der Angler (1759)
Öl auf Leinwand, 230 x 192,3 cm
Hamburger Kunsthalle, Hamburg

Anstatt ihre nicht standesgemäße Herkunft zu verbergen, hatte sie den Fisch schon in ihren ersten Jahren in Versailles als eine Art Wappentier benutzt und ihn in Form von Vasen, Porzellan und sogar einer Spielart ihres Wappens mit den drei Türmen prominent in Szene gesetzt.

Werfen wir abschließend einen erneuten Blick auf Bouchers Porträt der Mätresse mit Pigalles Skulpturengruppe *Die Liebe umarmt die Freundschaft* aus dem Jahr 1759: Obwohl die Bildaussage einfach und klar zu sein scheint, erweist sich das Gemälde bei näherem Hinsehen als ebenso uneindeutig wie die früheren Pompadour-Bildnisse: Boucher zeigt Madame de Pompadour im Freundschaftshain des Schlossparks von Bellevue, auf den das Spalier und das Bäumchen im verschatteten Bildhintergrund verweisen, obwohl die Skulptur *Die Liebe umarmt die Freundschaft* wegen des vorzeitigen Verkaufs des Schlosses dort nie aufgestellt werden konnte. Mit diesem späten Anklang an Bellevue als an den Ort, der trotz des »Freundschaftshains« vor allem als Symbol der leidenschaftlichen Liebe zwischen Mätresse und König in die Geschichte eingegangen ist, dort, wo sich die beiden als Liebespaar im intimen Rahmen getroffen haben, scheint der Künstler das ehrbare, neue Image der Mätresse augenzwinkernd zu brechen. Auch Madame de Pompadours fragender Blick aus unergründlichen Augen, ihr spöttisches Lächeln, der leicht geneigte Kopf, weisen in diese Richtung. Tritt uns hier wirklich die von jedem Makel befreite, platonische Freundin des Königs entgegen, oder ist sie doch immer noch und für immer die sinnlich-schöne, heimliche Geliebte eines Mannes, den sie am Ende der 1750er-Jahre vollends beherrscht?

Anmerkungen Kapitel 6:

Anm. 1: Hausset, Nicolle du: Memoiren der Frau du Hausset. Kammerfrau der Frau von Pompadour, Stuttgart, 1825, Vorwort

Anm. 2: vgl. u. a. Evelyne Lever, Madame de Pompadour, Paris, 200 oder Danielle Gallet, Madame de Pompadour ou le pouvoir féminin, Paris, 1985

Anm. 3: Hausset, S. 105 f.

Anm. 4: Salmon, Xavier, et al.: Madame de Pompadour et les arts, Paris, 2002, S. 299, Übersetzung A. Weisbrod

Anm. 5: ebd., Übersetzung A. Weisbrod

Anm. 6: ebd., Übersetzung A. Weisbrod

Anm. 7: Dufort de Cheverny, Mémoires sur les règnes de Louis XV et Louis XVI et sur la révolution par J. N. Dufort, Comte de Cheverny, introducteur des ambassadeurs, lieutenant général du Blaisois (1731–1802), éd. R. de Crèvecoeur, 2 vol., Paris, 1886, Ausgabe von 1990, S. 272, Übersetzung A. Weisbrod

Anm. 8: Poulet-Malassis, Auguste (Hg.): Correspondance de Madame de Pompadour avec son père M. Poisson et son frère M. de Vandièrs, Paris, 1878, S. 104, Übersetzung A. Weisbrod

Anm. 9: Salmon, S. 216, Übersetzung A. Weisbrod

Anm. 10: ebd., S. 299, Übersetzung A. Weisbrod

Anm. 11: Ripa, Cesare: Herrn Cesaris Ripa erneuerte Iconologia oder Bildersprach, Frankfurt a. M., 1669, S. 41

Anm. 12: Salmon, S. 299, Übersetzung A. Weisbrod

Anm. 13: Lever, Evelyne: Madame de Pompadour, Paris, 2000, S. 261 f., Übersetzung A. Weisbrod

Anm. 14: ebd., S. 260 f., Übersetzung A. Weisbrod

Anm. 15: ebd., S. 263, Übersetzung A. Weisbrod

Kapitel 7

Alles erreichen und doch so unendlich traurig sein

Carle Vanloo:
Madame de Pompadour, genannt Belle Jardinière (1759)
Öl auf Leinwand, 81,2 x 64,5 cm
Châteaux de Versailles et de Trianon, Versailles

Aus großen, graublauen Augen schaut sie uns unergründlich an, die Lippen leicht gespitzt, auf der Wange die Andeutung des kleinen Grübchens, für das ihr Lächeln berühmt ist.

»Hat es sich am Ende doch gelohnt oder ist das Leben hier nur ein schlechter Scherz, eine endlose, ermüdende Abfolge von Vergeblichkeiten?«, scheint uns Madame de Pompadour auf ihrem vorletzten Porträt mit blassem Gesicht, herausforderndem Blick und ostentativ erhobener Hand fragen zu wollen. Dort, wo sie auf den vorherigen Porträts Bücher, Notenblätter oder Pinsel präsentierte, hält sie uns nun einen abgeschnittenen Zweig weißen Jasmins entgegen. Ihre langen, schmalen Finger berühren ihn zögernd – er ist in der Kunstgeschichte seit langem als Vanitas-Symbol, als Sinnbild der Vergänglichkeit bekannt.

Als Madame de Pompadour das delikate Brustbild, das sich heute im Kleinen Trianon, dem späteren Rückzugsort der Königin Marie Antoinette im Schlosspark von Versailles befindet, bei dem renommierten Hofmaler Carle Vanloo (1705–1765) in Auftrag gibt, fühlt sie sich krank und erschöpft. Ihrem Bruder Abel schreibt sie: »Außer dem Glück, mit dem König sein zu dürfen, das mich doch über alles hinwegtröstet, ist der Rest nichts als ein Gewebe aus Bosheit und Oberflächlichkeit, kurz all der Unsäglichkeiten, derer die armselige, menschliche Natur fähig ist.«[1]

Ende der 1750er-Jahre hat Madame de Pompadour länger am französischen Hof gelebt als jede andere Mätresse Ludwigs XV. Doch der Preis, den sie für ihre exponierte Stellung bezahlen muss, ist hoch. Und er wächst von Jahr zu Jahr. Der prachtvolle Hof und seine erlesenen Räume, seine exquisit erzogenen Bewohner.innen in ihren eleganten Kleidern, ihre vollendete Art der Konversation – hinter dem schönen Schein tobt ein mörderischer Kampf um Gunst, Macht und Geld, um einen oberen Rang in der Hierarchie.

Mit aufgeklappten Fächern und lächelnden Mienen belauert man die anderen, wartet gierig auf einen Fehltritt, auf die Möglichkeit, einen anderen von seinem Platz zu verdrängen. Wahre Loyalität ist so selten wie Schnee im August, selbst enge Freund.innen können zu Feind.innen werden, um ihre eigene Position zu sichern. Dazu ein indifferenter, sinnlicher Herrscher, der blutjunge Frauen liebt und Menschen, derer er überdrüssig geworden ist, mit einem kurzen unpersönlichen Schreiben vom Hof verbannt, sie eiskalt vom Licht ins Nichts zurückstößt.

Madame de Pompadour muss schon bald nach ihrer Ankunft in Versailles im September 1745 feststellen, wie schwierig der Herrscher im täglichen Umgang tatsächlich ist. Der Rausch der ersten Nächte ist verflogen. Ludwig neigt zu Geheimniskrämerei und hält selbst enge Freunde auf Distanz. Dazu verfällt er leicht in Melancholie und leidet unter der Bürde des starren Hofzeremoniells. Im Alter von zwei Jahren verwaist und mit nur fünf Jahren zum französischen König gekrönt, hat er von Kindesbeinen an die Gewohnheit entwickelt, sich in unergründliches Schweigen zu hüllen, sobald andere Leute den Raum betreten. Seine Erzieherin, die Herzogin de Ventadour, klagt, er sei allein zwar ein fröhliches Kind, verschließe sich im Kontakt mit anderen jedoch sofort. Als erwachsener Mann richtet er mit dem »Secret du Roi« einen Geheimdienst ein, in dem Regierungsangelegenheiten am Staatsrat vorbei abgewickelt werden. Lange steht dem »Secret« der Prinz de Conti vor, sein engster Vertrauter und hartnäckiger Konkurrent der Mätresse. Zu lähmender Schüchternheit und Melancholie kommt die Angst des Königs vor Langeweile und die daraus resultierende Gier nach Abwechslung und Unterhaltung, die er durch tägliche, exzessive Jagden stillt.

Madame de Pompadour lernt schnell, sich ganz auf Ludwigs Bedürfnisse auszurichten und seinen Pessimismus, den Überdruss und die Lebensangst zu zerstreuen. Sie entführt den König in einen nicht enden wollenden Reigen von Festen, Bauprojekten und Überraschungen und übernimmt die Planung der exklusiven Abendessen in seinen Privatgemächern. Ludwigs langweilige Jagdgefährten ersetzt sie bei dieser Gelegenheit durch geistreiche, redegewandte Männer und Frauen. Ihr eigener Schlaf kommt dauerhaft zu kurz, wie sie ihrem Vater einmal in einem um Mitternacht verfassten Brief gesteht. In der kommenden Nacht habe sie noch an die 60 Schreiben zu verfassen, fügt sie noch hinzu. Auch die ständigen beschwerlichen Reisen des Hofes zwischen Versailles und den anderen königlichen Residenzen in Fontainebleau, Compiègne, Marly oder Choisy tragen nicht zur Verbesserung ihrer angegriffenen Gesundheit bei. Sie leidet immer häufiger unter Migräne, quälendem Husten und Fieberschüben, ohne dass sie sich auch nur eine Minute des Rückzugs hätte erlauben dürfen. Ludwig ist der Garant ihrer Macht, sie ist völlig von ihm abhängig. Wenn er ihrer überdrüssig wird oder ihm etwas passiert, verliert sie sofort ihre Stellung am Hof.

Dass sie sich dieses Umstandes bewusst ist, zeigt ihre panische Reaktion auf den Reitunfall des Königs, von dem sie ihrem Bruder gleich in drei Briefen berichtet, obwohl sich schnell herausgestellt hatte, dass der spektakuläre Sturz des Königs harmlos ist. Ihre wiederholte Beteuerung, wie unbedeutend die ganze Angelegenheit sei, macht ihre Aufregung und Angst umso deutlicher: »Man wird Ihnen wahrscheinlich Schauermärchen vom gestrigen Sturz des Königs berichten. Doch glücklicherweise ist alles ganz harmlos, er hat sich den Arm ein wenig aufgeschürft und ebenso den Kopf, dazu hat ihm das Gewehr den Oberschenkel gequetscht, doch er hat weder Schmerzen, noch Schwindelgefühl. Letztendlich hat sich die Angelegenheit als so geringfügig erwiesen, dass die medizinische Fakultät es nicht für nötig erachtet hat, ihn zu behandeln. Trotzdem können Sie sich wahrscheinlich vorstellen, dass es meinem Kopf nach diesem Schrecken nicht besonders gut geht.« In zwei weiteren Briefen versichert sie ihrem in Italien weilenden Bruder: »Dem König geht es weiterhin hervorragend und er spürt seinen Sturz überhaupt nicht mehr«, und »dem König geht es prächtig.«[2]

Kurze Zeit später erleidet Ludwig XV. nach einem viel zu schweren Abendessen – bei den späten Mahlzeiten werden oft bis zu 48 verschiedene Vorspeisen, Suppen, Fleisch- und Fischgerichte, Käse und Nachtische gereicht – einen Schwächeanfall in Madame de Pompadours Schlafzimmer. Obwohl auch hier die eilends herbeigerufenen Ärzte bald Entwarnung geben können, wird der Mätresse die Unsicherheit ihrer Situation einmal mehr deutlich. Sie ist am Hof von Gegner.innen umgeben, die nur auf eine Gelegenheit lauern, sie aus ihrer Position zu verdängen. Selbst auf ihre Günstlinge kann sie sich in den entscheidenden Momenten nicht blind verlassen. So ist es ausgerechnet ihr Freund Machault d'Arnouville, dem sie 1745 zu seinem einflussreichen Amt als Generalkontrolleur der königlichen Finanzen verholfen hat, der ihr nach dem Attentat auf Ludwig XV. im Januar 1757 den Rückzug vom Hof nahelegt. Ein fataler, von Pompadours Gegner, Kriegsminister d'Argenson, eingeflüsterter Ratschlag, der sie beinahe ihre Stellung gekostet hätte. Unglücklicherweise ist der wankelmütige Machault d'Arnouville nicht der einzige, der ihre Unterstützung mit Verrat bezahlt. Auch enge Freunde wie die Gräfin Elisabeth d'Estrades, eine angeheiratete, verwitwete Cousine, enttäuschen sie bitter.

Elisabeth hatte dank Madame de Pompadours steter Fürsprache Zutritt zum engsten Kreis des Königs erhalten. In den 1740er-Jahren nahm sie so selbstverständlich an den exklusiven Veranstaltungen teil, dass der Herzog de Luynes sich ihr Fehlen sogar in seinem Tagebuch notiert. Schließlich verschaffte Madame de Pompadour ihr 1749 ein Amt als Hofdame bei einer Tochter des Königs, um ihre Stellung in Versailles weiter abzusichern. Wenig später intrigiert Elisabeth d'Estrades trotzdem gegen ihre Gönnerin. Sie beginnt ein Verhältnis mit Kriegsminister d'Argenson und beschließt 1751 unter dem Einfluss ihres Liebhabers, ihre enge Freundin durch eine neue Favoritin vom Hof zu verdrängen. Um ihren Plan in die Tat umzusetzen, suchen sie zunächst nach einer geeigneten Bewerberin. Die Wahl fällt schnell auf eine Nichte der Gräfin, die achtzehnjährige Rosalie de Choiseul-Romanet, deren Hochzeit Madame de Pompadour am 24. April 1751 noch großzügig auf Schloss Bellevue ausgerichtet hatte. Nach ihrer Vorstellung am Hof am 1. Mai 1751 wird Rosalie auf Vermittlung von Madame de Pompadour ebenfalls zur Hofdame von Ludwigs Tochter Adelaide ernannt. Dank ihres prestigeträchtigen Amtes bewegt sie sich schon bald mit großer Selbstverständlichkeit im Dunstkreis des Königs, wo sie wie zufällig andauernd in seiner Nähe auftaucht. Ludwig XV., dessen Appetit auf junge Frauen mit jedem Jahr größer wird, findet sie hübsch und amüsant und schenkt ihr dementsprechend immer mehr Aufmerksamkeit.

Madame de Pompadour, wohl in der Hoffnung, dass die Angelegenheit sich von selbst erledigt, tut zunächst so, als würde sie nichts von den Avancen des Königs bemerken, doch Ludwigs Begehren wird immer augenfälliger. Die Höflinge fangen an, von Madame de Pompadours möglicher Verbannung zu tuscheln. Auf der Herbstreise des Hofes nach Fontainebleau schickt der König Rosalie Liebesbriefe und lädt sie zu einem Schäferstündchen ein. Wie der Schriftsteller Marmontel später berichtet, warten während dieser entscheidenden Zusammenkunft d'Argenson und Elisabeth d'Estrades in einem anderen Raum des Schlosses aufgeregt auf den Ausgang des Liebestreffens. Als Rosalie endlich aufgeregt in das Gemach zu den Wartenden stürzt, läuft Madame d'Estrades auf sie zu und schließt sie in die Arme. Wie Marmontel berichtet, der die Ereignisse von einem der Anwesenden hinterher erzählt bekommen haben will, habe Elisabeth d'Estrades gefragt ob »es« passiert sei und Rosalie habe strahlend ausgerufen: »Ja, es ist passiert, ich werde geliebt, er ist glücklich, sie wird fortgeschickt, er hat mir sein Wort gegeben.«[3] Im Raum sei daraufhin Jubel ausgebrochen.

Dieses Mal scheint Madame de Pompadours Schicksal endgültig besiegelt zu sein, doch sie kann die drohende Verbannung wie durch ein Wunder abwenden. Rückendeckung erhält sie dieses Mal aus völlig unerwarteter Richtung: Ein Höfling, der die Affäre des Königs mitverfolgt hat, ist der Graf de Stainville, ein Cousin Rosalies, der bis dahin Madame de Pompadours Gegnern zugerechnet wird. Rosalie brüstet sich ihm gegenüber mit der neu errungenen Gunst und überlässt ihm, in der absoluten Gewissheit ihres Triumphes, sogar einige von Ludwigs Liebesbriefen, die er prompt an Madame de Pompadour weiterleitet.

Bis heute herrscht in der Literatur Uneinigkeit über Stainvilles Motive. Treibt ihn tatsächlich die durch ein außereheliches Verhältnis seiner frisch verheirateten Verwandten gekränkte Familienehre, ist er von Madame de Pompadour schlicht fasziniert oder erkennt er mit feiner Spürnase, dass die amtierende Mätresse noch immer genug Kraft besitzt, um sich gegen ihre Gegner.innen durchzusetzen? Was auch immer ihn im Ursprung bewegt haben mag, er vereinbart ein Treffen mit ihr, weiht sie in die Ereignisse ein und überlässt ihr einen von Ludwigs Liebesbriefen. Sie zögert nicht und konfrontiert den untreuen König mit dem kompromittierenden Schreiben, der sich, entsetzt über die Indiskretion, sofort von der Gräfin zurückzieht. Madame de Pompadour übersteht die Affäre gestärkt und das Kalkül des Grafen geht auf: Die Mätresse rechnet ihn nun zu ihren Vertrauten und fördert seine höfische Karriere nach Kräften. 1753 verschafft sie ihm den Posten als französischer Gesandter in Rom, im Jahr 1758 betreibt sie seine Erhebung zum Herzog de Choiseul und seine Berufung zum Außenminister. Ebenso leidenschaftlich setzt sie sich für die Verbannung ihrer einstigen Freundin Elisabeth d'Estrades ein. Da jedoch direkte Beweise für ihren Vertrauensbruch fehlen, benötigt Madame de Pompadour fast zwei Jahre, um sich zu rächen. Vorerst wird Elisabeth weiterhin in die Privaträume des Königs geladen, doch das Verhältnis zwischen den Freundinnen ist merklich abgekühlt. Was Elisabeths Verrat Madame de Pompadour bedeutet haben muss, kann man ansatzweise ermessen, wenn man sich ihre Treue gegenüber Freund.innen und ihren Familiensinn vor Augen führt, der sie selbst an ihrem Vater bedingungslos festhalten lässt, obwohl er sie durch sein unfeines Verhalten mehr als einmal zum Ziel von Spott und Häme macht.

Im August 1755 antwortet Madame de Pompadour auf Elisabeths Frage, ob ihr vor einem gemeinsamen Abendessen mit dem Prinzen de Soubise noch Zeit für einen kurzen Einkauf in Paris bleibe, sie habe noch gute zwei Stunden vor sich, woraufhin die Gräfin eilig aufbricht. Als ihre Kutsche Paris schon fast erreicht hat, wird sie von einem berittenen Kurier angehalten. Er überreicht ihr ein Schreiben des Königs, das ihr den Verlust ihres Amtes als Hofdame und ihre sofortige Verbannung mitteilt. Am 10. August 1755 berichtet der österreichische Gesandte Starhemberg nach Wien:

»Es wollen einige solches als einen Vorboten de la disgrâce de Monsieur d'Argenson, andere als eine Probe, dass die Madame de Pompadour ein gegen sie gemachtes complot entdecket, ansehen, ich aber glaube, dass Madame de Pompadour über die Undankbarkeit der Madame d'Estrades erbittert und endlich dahin veranlasset sein möge, sich von dieser fast durchgehends verhassten Antagonistin zu befreien.«[4]

Nach der erfolgreichen Niederschlagung der Intrige um Rosalie de Choiseul-Romanet scheint der Kampf um die Gunst des Königs endlos weiterzugehen. Neben ernsthafteren Affären unterhält Ludwig XV. in den 1750er-Jahren wechselnde Liebschaften mit jungen Frauen aus dem Bürgertum, die in einem Haus in der Nähe des Schlosses relativ diskret untergebracht werden. Bei einer Schwangerschaft werden sie verheiratet und mit einer Mitgift versehen wieder in ihr bürgerliches Leben entlassen.

Nur ein knappes halbes Jahr nach dem abrupten Ende der Liaison mit Rosalie Choiseul-Romanet beginnt der König im Frühsommer eine Affäre mit der blutjungen Louise O'Murphy. Diesmal scheint es ihm ernster zu sein als sonst: Verschiedene der ausländischen Gesandten berichten an ihre Heimathöfe, Madame de Pompadours Stellung sei erneut gefährdet und man rechne sogar mit ihrer Verbannung. Doch Louise O'Murphy ist nicht geschickt genug, um ihre Position auszubauen. Sie bleibt nur ein Strohfeuer, das einige Monate die Klatschbörse des Hofes anheizt, bevor es zu kalter Asche zerfällt. Als Louise im Jahr 1754 einen illegitimen Sohn des Königs zur Welt bringt, wird sie, wie ihre Vorgängerinnen, verheiratet und vom Hof weggeschafft. Madame de Pompadour trägt zwar den Sieg davon und bleibt in ihrer alten Position am Hof. Doch die Versuchungen des Königs gehen beständig weiter. Auch im engsten Umfeld der Mätresse finden sich immer wieder junge, hübsche Frauen, die, wie eine ihrer Begleiterinnen, die Markgräfin de Coislin, höchst bereitwillig einige Zeit mit Ludwig das Bett teilen. Jedes Mal bangt

Madame de Pompadour um ihre Stellung, jedes Mal wird sie von Ludwigs kaum verhohlenem Begehren öffentlich brüskiert. Ihre schon stark angegriffene Gesundheit geht aus solchen Vorfällen noch geschwächter hervor. Wegen ihrer beständigen Atemnot nimmt sie seit längerem nicht mehr an den Jagden des Königs teil. Treppensteigen ist ihr nur noch unter großen Anstrengungen möglich.

Bis 1757 häufen sich dramatische Ereignisse, die ihre Stellung bedrohen: die dauernden Angriffe der Kirche, der Tod von Ludwigs Lieblingstochter Henriette oder die lebensbedrohliche Pockenerkrankung des Thronfolgers kurz hintereinander im Jahr 1752, die den Herrscher beide Male in gefährlicher Depression und dem Wunsch nach Beichte versinken lässt, Rosalie de Choiseul-Romanet, Louise O'Murphy, der nicht enden wollende Reigen bereitwilliger Mädchen und schließlich das Attentat auf den König im Januar 1757. Dazu kommen ihr eigenes Scheitern in mehr als einer politischen Angelegenheit und ihre ganz persönlichen Schicksalsschläge.

Im November 1757 verfasst Madame de Pompadour ihr erstes Testament und fügt auf der letzten Seite folgende Anweisung hinzu: »Was nun meine unbeweglichen Besitztümer und Möbel betrifft, so vermache ich sie Abel-François Poisson, Marquis de Marigny, meinem Bruder, den ich auch zu meinem alleinigen Erbverwalter bestimme; falls mein Bruder sterben sollte, setze ich an seiner Stelle Monsieur Poisson de Malvoisin, Quartiermeister der Armée, zur Zeit Brigadechef der Karabiner, und seine Kinder ein.«[5]

Abel de Marigny ist zu diesem Zeitpunkt 30 Jahre alt, gut aussehend, gebildet und eine sehr gute Partie. Trotzdem scheint seine Schwester fest davon auszugehen, dass er kinderlos sterben wird, dabei hat sich seine Karriere seit ihrem Aufstieg zur offiziellen Mätresse des Königs so zufriedenstellend entwickelt, dass er selbst für eine Heiratskandidatin aus dem Hochadel als passender Ehemann in Frage kommt. Seit Dezember 1745 führt er den Titel eines Markgrafen de Vandières und, nach dem Tod seines Vaters im Jahr 1754, den eines Markgrafen de Marigny. Nach dem Tod von Pompadours Ziehvater Lenormant de Tournehem im Jahr 1751 erhält er den einflussreichen Posten des Generalintendanten der königlichen Bauwerke, der in seiner Bedeutung heutzutage in etwa dem eines mächtigen Kulturministers entspricht. Nun fehlt nur noch eine standesgemäße Hochzeit, die seine umtriebige Schwester seit seiner Rückkehr an den Hof im Jahr 1750 einzufädeln versucht, um die Familie Poisson dauerhaft mit einer angesehenen Familie des französischen Hochadels zu verbinden. Anfangs zeigt sich Madame de Pompadour in der Angelegenheit sehr zuversichtlich. Gegenüber ihrem Vater frohlockt sie: »Sie können sich sicher gut vorstellen, mein lieber Vater, dass ich sehr damit beschäftigt bin, meinen Bruder zu verheiraten (...) und ich bin sicher, dass ich eine äußerst vorteilhafte Hochzeit für ihn zustande bringen werde.«[6]

Doch ihr Vertrauen in die Zukunft erweist sich als verfrüht. Abel hat hinsichtlich seiner Hochzeit eigene Ansichten und widersetzt sich stur allen diesbezüglichen Plänen seiner ambitionierten Schwester, worüber diese zunehmend enttäuscht ist. 1753 klagt sie gegenüber ihrem Vater: »Ich bin wirklich verärgert, dass er nicht heiraten will (...) er wird niemals selbst eine so gute Partie machen, wie ich sie für ihn arrangieren könnte.«[7] Im Jahr 1755 lässt sie sich sogar dazu hinreißen, ihrem Ärger über den widerspenstigen Bruder in einem Brief an den Grafen de Stainville Luft zu machen.

Ihr Testament vom November 1757, das nach ihrem Bruder direkt einen entfernten Verwandten und dessen Kinder als Universalerben einsetzt, geht nicht einmal mehr von der Möglichkeit legitimer, direkter Nachkommen aus. Sie hat die Hoffnung, ihre Familie über die eigene Generation hinaus im

Hochadel zu etablieren, offenbar endgültig aufgegeben. Dass sie recht behält, wird sie nicht mehr erleben: Abel de Marigny stirbt im Jahr 1781 kinderlos.

Neben Abel richten sich ihre ehrgeizigen Pläne auf ihre 1744 geborene Tochter Alexandrine. Das aufgeweckte Mädchen mit den blonden Locken und den großen blauen Augen ist ihr ganzer Stolz, zumal sie nach einer langen Reihe von Fehlgeburten weiß, dass dieses ihr einziges Kind bleiben wird. Seit ihrem sechsten Geburtstag wird Alexandrine im Kloster Dames de l'Assomption in der Nähe des heutigen Place de Vendôme in Paris gemeinsam mit den Töchtern des französischen Hochadels erzogen. Sie bewegt sich damit von Kind an in den Kreisen, in die sie nach dem Willen ihrer Mutter später durch eine vorteilhafte Heirat endgültig eintreten soll. Madame de Pompadour sieht ihre Tochter häufig. Am liebsten empfängt sie Alexandrine in ungezwungener Atmosphäre außerhalb von Versailles, beispielsweise in ihrem eigenen Schloss Bellevue, wo das Zeremoniell weniger erdrückend ist und sich nicht beständig eine große Menschenschar um sie und den König drängt. Um Alexandrine auch in Paris möglichst oft in privatem Rahmen sehen zu können, benutzt sie eine Wohnung in einem der Stadtpaläste des Königs, der gleich neben dem Kloster liegt. Regelmäßig berichtet sie ihrem Vater und Abel brieflich von Alexandrines Gesundheitszustand und ihren schulischen Fortschritten. Großvater und Onkel sind völlig vernarrt in das hübsche Kind und Madame de Pompadour mahnt besonders François Poisson, seine einzige Enkelin nicht zu sehr zu verwöhnen. Einmal schreibt sie ihm: »Ich werde selbst etwas aussuchen, das Sie Ihrer Fanfan bei der Ankunft geben können: aber bitte, stecken Sie ihr kein Geld zu.«[8]

Nach mehreren gescheiterten Heiratsplänen arrangiert Madame de Pompadour schließlich im August 1752 die

Verlobung ihrer achtjährigen Tochter mit dem zehn Jahre alten Herzog de Picquigny. Die Hochzeit soll, wie es zu dieser Zeit üblich ist, zwei Jahre später, an Alexandrines 10. Geburtstag stattfinden. Bis die Ehe im eigentlichen Sinne einige Jahre später vollzogen werden kann, soll Alexandrine danach weiter im Kloster ausgebildet werden. Um der hochadligen Familie des jungen Herzogs die Verbindung mit der Tochter einer ursprünglich bürgerlichen Mutter und eines Vaters aus niedrigem Amtsadel schmackhaft zu machen, erhält der Vater des Bräutigams eine einträgliche Stelle als Erzieher eines Enkelsohns des Königs.

In den beiden folgenden Jahren wird Alexandrine langsam aus der Abgeschiedenheit des Klosterlebens in die Gesellschaft eingeführt. 1753 unterzeichnet sie als Patin die Taufurkunde des Enkelsohns von Dr. Quesnay, dem Leibarzt des Königs. Anfang Juni 1754 ist sie eine der Trauzeuginnen der Hochzeit der Tochter von Madame de Pompadours persönlicher Begleiterin Nicole du Hausset. Am 19. Juni soll sie Trauzeugin einer weiteren Hochzeit sein, doch am 14. Juni erkrankt sie überraschend im Kloster l'Assomption. Die eilig herbeigerufenen Ärzte diagnostizieren zunächst eine harmlose Verdauungsstörung. Sie verordnen Bettruhe und leichte Kost, eine Therapie, die kurzfristig anzusprechen scheint, bis das Fieber am nächsten Morgen plötzlich in die Höhe schießt. Alexandrine windet sich in Krämpfen. Es ist zu spät, um Madame de Pompadour zu holen. Die Oberin schickt panisch nach Alexandrines in Paris lebendem Vater, Charles Lenormant d'Etiolles. Doch auch er kommt nicht mehr rechtzeitig. Alexandrine stirbt kurz nach seinem Eintreffen im Kloster, an einer Blinddarmentzündung, wie sich bei einer späteren Obduktion herausstellt.

Madame de Pompadour hält sich an diesem Tag im zwanzig Kilometer entfernten Schloss Choisy auf, wo sie die entsetzliche Nachricht einige Stunden später völlig unvorbereitet trifft. Sie verliert im Beisein des schockierten Königs das Bewusstsein und kommt erst nach mehreren Stunden wieder zu sich. Nach Alexandrines Beerdigung am 17. Juni im Kloster de l'Assomption zieht sie sich sofort auf ihr Schloss in Bellevue zurück, wo sie nur 10 Tage später die nächste Schreckensnachricht erhält: François Poisson, der so sehr an seiner Enkeltochter gehangen hat, dass Madame de Pompadour ihm einmal scherzhaft vorwirft, Alexandrine habe sie völlig aus seinem Herzen verdrängt, ist in Paris an Herzversagen gestorben. Dem Grafen de Stainville, der ein Beileidschreiben aus Rom geschickt hatte, gesteht Madame de Pompadour wenig später: »Ich schätze die Sorgen, die Sie sich um mein Lebensglück machen. Leider hat mir der 15. Juni diesbezüglich ein unüberwindliches Hindernis errichtet. Mit dem Tod meiner Tochter ist in mir alle Zufriedenheit abgetötet worden. Momentan handelt es sich höchstens darum, mich irgendwie abzulenken.«[9]

Eine längere Zeit der stillen Trauer ist ihr im mörderischen Rhythmus von Versailles nicht vergönnt. Obwohl sie aufrichtige Beileidsbekundungen der Königin und der Kinder des Königs erhält, setzt man voraus, dass sie sich bald wieder in der alten Form bei Hof zeigt. Sie leistet diesen Erwartungen Folge. Zwei Wochen nach Alexandrines Tod gibt sie in Schloss Bellevue ein großes Dinner für mehrere junge Ehepaare, deren Hochzeiten sie ausgerichtet hatte. Am 11. August erscheint sie in Versailles, um ihre gute Freundin Madame d'Ablimont offiziell vorzustellen, eine hübsche, junge Frau, der man schon bald ein Verhältnis mit dem König nachsagen wird. Der Prinz de Croÿ notiert sich an diesem Tag, dass man der Mätresse die kurz zurückliegenden Todesfälle nicht ansehen würde. Madame de Pompadour gibt sich fröhlich und aufmerksam wie immer. Wie viel Kraft sie dies gekostet haben muss, ist kaum zu ermessen. Zum Trauern und Beten zieht sie sich in die Abgeschiedenheit der Grabkapelle ihrer Familie ins Kloster l'Assomption in Paris zurück, während sie in Versailles beständig auf der Hut ist, dass man ihr die fortschreitende Krankheit und die Erschöpfung nicht anmerkt. Ihr Verhalten bleibt weiterhin vollständig auf den König ausgerichtet, der erwartet, in ihr seinen verlässlichen Ruhepol zu finden und nicht eine emotional gebrochene Frau. Bei aller Entschlossenheit, die sie unaufhaltsam vorwärtstreibt, zehren sich ihre Kräfte trotzdem unaufhaltsam auf.

Mit dem Tod ihrer Tochter hat Madame de Pompadour ihren Zenit überschritten. Konnte sie Anfang der 1750er-Jahre noch erfolgreich wichtige Projekte wie die Einrichtung der Militärschule und den Ausbau der Porzellanmanufaktur in Sèvres lancieren, wendet sich ab 1755 das Blatt auch in politischer Hinsicht. Zwar kommt in diesem Jahr die Allianz mit Österreich zustande, doch erweist sich die Umkehr der Bündnisse für Frankreich in den folgenden Jahren als katastrophal. Bei ihren personalpolitischen Entscheidungen häufen sich die Missgriffe: Schon 1754 hatten sich die ausländischen Gesandten über die Berufung des Pompadour-Günstlings Rouillé zum Staatssekretär gewundert, da man ihn für unerfahren und völlig ungeeignet für sein neues Amt hielt. Als ein weiterer Günstling der Mätresse, der ehemalige Pariser Polizeipräsident Nicolas-René Berryer, im Oktober 1758 zum Marineminister ernannt wird, schreibt der österreichische Gesandte Starhemberg nach Wien, er verdanke sein Amt »seiner genauen Einverständnis mit der Madame de Pompadour und der großen Meinung, die sie von seinen talentis hat«. Er habe »von der Marine nicht die geringste Kenntnis und ist sein ganzes Leben hindurch mit anderen objectis beschäftigt gewesen«.[10]

Schon im August des Vorjahres hatte Madame de Pompadour entscheidend dazu beigetragen, dass der erfolgsverwöhnte Sieger der wichtigen Schlacht bei Hastenbeck, Marschall d'Estrées, sein Oberkommando an den intriganten Herzog de Richelieu verlor. Unter Richelieu sollen die französischen Truppen im neuen Kriegsjahr nach Osten schwenken und einem anderen engen Freund der Mätresse, dem Prinzen de Soubise, zu Hilfe kommen. Seine Soldaten stehen der preußischen Armee gegenüber und der Prinz hofft händeringend auf die mehrfach angekündigte Verstärkung. Richelieus Berufung erweist sich als totales Fiasko: Anstatt Soubises Truppen zur Hilfe zu eilen, lässt er, ausgelöst durch Eifersüchteleien und Intrigenpläne gegen den Prinzen, seine Soldaten hemmungslos die Region um Hannover plündern, bis auch der letzte Rest Disziplin verschwunden ist. Seine Truppen verwandeln sich innerhalb kürzester Zeit in marodierende Banden, derer nicht mehr Herr zu werden ist. Anfang des Jahres 1758 versucht Madame de Pompadour den tatenlosen Herzog zur Raison zu rufen. Aufgebracht schreibt sie ihm: »Die Lage betrübt mich zutiefst, ich muss mit ansehen, wie das beste und größte Projekt durch unsere eigenen Soldaten vernichtet wird, ich bin davon bis ins Mark getroffen. Ich kann an nichts mehr anderes denken und meine Gesundheit ist davon stark in Mitleidenschaft gezogen.«[11] In späteren Schreiben an Richelieu spricht sie ganz konkret von Migräne, Gallenkoliken und Rippenfellentzündungen als unmittelbare Reaktionen auf den verhängnisvollen Kriegsverlauf. Aber ihre persönliche Betroffenheit nützt nichts. Die von ihr protegierten Armeeführer und Minister führen Frankreich in eine militärische Katastrophe.

Am 10. Februar 1763 muss Ludwig XV. im »Frieden von Paris« einen unrühmlichen Frieden mit seinem Hauptgegner England schließen. Frankreich kann sich weder die im

Bündnisvertrag mit Maria Theresia zugesagten österreichischen Niederlande noch die Vormachtstellung in den nordamerikanischen Kolonien sichern. Beide Herrschaftsgebiete sind für Frankreich endgültig verloren. Dazu ist die Staatsverschuldung so angewachsen, dass das Ende der höfischen Welt durch die Französische Revolution nur noch eine Frage der Zeit ist.

Als Madame de Pompadour Carle Vanloo um 1758 den Auftrag für ein neues Porträt erteilt, ist sie persönlich wie politisch am Ende. Gesundheit, Scharfsinn, das Talent zu erfolgreichen Entscheidungen haben sie verlassen. Anders als die vorangegangen Bildnisse, die auf mehr oder weniger verschlüsselte Weise von ihrem triumphalen Aufstieg und ihrer immensen Machtstellung erzählen, zieht Vanloos Gemälde *Die Marquise de Pompadour als Gärtnerin* die bittere Bilanz eines Lebens, das zu zerplatzten Hoffnungen und gescheiterten Träumen geronnen ist.

Das kleinformatige Brustbild wird nicht in der Salonausstellung gezeigt. Angesichts seiner traurigen Botschaft ist auch kaum anzunehmen, dass Madame de Pompadour es im Salon einer breiten Öffentlichkeit präsentieren wollte. Stattdessen ist es nur für ihren eigenen privaten Gebrauch bestimmt, als eine Mahnung, sich auf die wenige Zeit zu besinnen, die ihr noch bleibt.

Wie immer auf den späten Porträts schaut uns die Mätresse aus ihren dunklen Augen direkt an. Zum ersten Mal ist ihr Gesicht nicht mehr geschönt oder verjüngt. Während François Boucher sie auf dem zeitgleich entstandenen, ovalen Gemälde wie auf ihren ersten Bildnissen frisch und jung aussehen lässt, tritt sie uns nun so entgegen, wie sie am Ende der 1750er-Jahre wahrscheinlich ausgesehen hat.

Schonungslos präsentiert Carle Vanloo sie als alte Frau: Mit schlaffen Gesichtszügen, der Schmelz der Jugend verflogen, mitgenommen vom Leben, krank. Die unregelmäßige Färbung der Haare zeigt das Grau der Strähnen unter einem leichten Puder, Gesichtshaut und Lippen sind fahl, um die Augen ziehen sich deutlich sichtbare Falten, die einst rosigen Wangen sind zu bleichen, dicklichen Hängebacken geworden, die in einem unvorteilhaften Doppelkinn enden. Das einzig Lebendige in dem verblassten Gesicht sind die intensiven Augen, von denen ein Zeitgenosse der Marquise einmal geschwärmt hat, sie könnten ihre Farbe auf faszinierende Weise von schwarz zu grau oder blau verändern. Madame de Pompadour trägt kein aufwendiges Tageskleid mehr, sondern ein weißes Baumwollgewand, das mit einem zarten weißen Schultertuch und dunkelblauen Schleifen verziert ist, die ihren Widerschein im Hut und den Kornblumen im Haar finden. Die Anlehnung der Figur an die Allegorie der »Freundschaft« ist offensichtlich.

Als Bilanzierung ihres bisherigen Lebens spielt das Brustbild auf alle Themen an, die für Madame de Pompadours bildliche Inszenierungen bisher bedeutsam gewesen sind: Die abgeschnittenen Blumen im Strohkorb scheinen direkt aus Ripas *Iconologia* ins Bild übertragen worden zu sein, um die Vergänglichkeit der Liebe und den Bestand einer treuen Freundschaft anzumahnen. Das schlichte Kleid ruft ihren Versuch in Erinnerung, sich bildlich an bürgerliche Kunst- und Moralvorstellungen anzupassen. Zudem verweist es auf die Epoche des Theaterspiels, in der Madame de Pompadour auf der Bühne häufig in das Kostüm einer Schäferin oder Bäuerin schlüpfte. Es spannt so einen Bogen von einer glanzvollen Zeit, in der die junge Mätresse Triumphe feierte und der leidenschaftlich verliebte König ihr zu Füßen lag, bis hin zu ihren geschickten Strategien des persönlichen Machterhalts. Auf die Anfangszeit am Hof verweisen auch die Perlenschnüre an ihrem linken Arm. Als einziger und deshalb umso auffälligerer

Schmuck der Porträtierten lassen sie noch einmal die prachtvollen ersten Jahre der Mätresse in Versailles zwischen 1745 und 1749, ihre Sammelleidenschaft und vor allem die Leichtigkeit, mit der sie ihre Machtstellung am Hof besetzte, anklingen. Die unbekümmerten, schillernden Jahre, in denen willfährige junge Frauen noch vergeblich an jeder Ecke auf den König lauerten, als Ludwig XV. sich noch ausschließlich mit seiner schönen Mätresse vergnügte, ihre Ideen und Projekte eines nach dem anderen zum Erfolg gerieten, der Tod noch nicht Einzug gehalten hatte. Doch dies alles ist nun vorbei.

Wie im Zeitraffer ruft das kleine Bildnis die einzelnen Stationen im Leben der Mätresse in Erinnerung: das Theater, ihre Machtposition, der Wandel von der Geliebten zur platonischen Freundin des Königs und ihre Anpassung an die erstarkenden bürgerlichen Vorstellungen. Doch vor allem erzählt das Porträt von den Schicksalsschlägen, die ihre Gesundheit zerstörten und sie in den letzten Jahren vor ihrem Tod immer stärker ins Grübeln bringen. Denn nichts anderes tut die Marquise im Porträt von 1759: Sie denkt über die Vergänglichkeit des Lebens nach, seine beängstigende Zerbrechlichkeit, die vergebliche Jagd nach Ruhm und Anerkennung. Vanloo verfährt dabei anders als die bisherigen Porträtisten. Diese hatten durch eine große, klar interpretierbare Objektfülle ein reichhaltiges Bezugssystem geschaffen, das die Machtfülle der Mätresse bis in die Einzelheiten beleuchtete. Das neue Bild begnügt sich dagegen mit wenigen, deutlich in Szene gesetzten Details, um eine Atmosphäre trauriger Weltabgewandtheit entstehen zu lassen: So symbolisiert das Potpourri der Jahreszeiten, das uns Madame de Pompadour im bis oben hin gefüllten Strohkorb so unübersehbar zeigt, zwar auch die Unvergänglichkeit der Freundschaft. Aber die Blumen sind abgeschnitten, ihre Schönheit damit zum Verblühen und baldigen Vergehen bestimmt. Sie werden schon morgen die Köpfe hängen lassen, mit fleckigen Blütenblättern und modrigem Geruch der Verwesung anheim gefallen sein. Dazu präsentiert uns Madame de Pompadour überdeutlich den abgeschnittenen Blütenzweig, der zusammen mit ihrem eindringlichen Blick zu einem hypnotischen Sinnbild des »Memento mori« wird. Die Mätresse weiß, dass sie sterben wird, dass sich ihr der Tod auf leisen Sohlen nähert. Und so wirkt der weiße Jasmin schon fast lebendiger als die Porträtierte selbst, deren durchscheinende Haut sich im bläulichen Hintergrund aufzulösen scheint. Durch die gedämpften Farben und das Verschmelzen der Figur mit dem diffusen Hintergrund ist die Marquise auf dem Porträt von Carle Vanloo in einen quasi überirdischen Bereich entrückt, dem Tod schon näher als dem Leben.

Anmerkungen Kapitel 7:

Anm. 1: Poulet-Malassis, Auguste (Hg.): Correspondance de Madame de Pompadour avec son père M. Poisson et son frère M. de Vandièrs, Paris, 1878, S. 48, Übersetzung A. Weisbrod
Anm. 2: ebd., S. 89 f., Übersetzung A. Weisbrod
Anm. 3: Gallet, Danielle: Madame de Pompadour ou le pouvoir féminin, Paris, 1985, S. 152, Übersetzung A. Weisbrod
Anm. 4: Dade, Eva Kathrin: Madame de Pompadour. Die Mätresse und die Diplomatie, Köln, 2010, S. 164
Anm. 5: Poulet-Malassis, S. 220, Übersetzung A. Weisbrod
Anm. 6: ebd., S. 8, Übersetzung A. Weisbrod
Anm. 7: Gallet, S. 149, Übersetzung A. Weisbrod
Anm. 8: ebd., S. 145, Übersetzung A. Weisbrod
Anm. 9: Piépape, Leonce de: Lettres de Mme de Pompadour au Comte de Stainville, in: Revue de l'histoire de Versailles et de Seine-et-Oise, 1917, S. 13, Übersetzung A. Weisbrod
Anm. 10: Dade, S. 205, Brief des Grafen Starhemberg an Graf von Kaunitz, 13. November 1758
Anm. 11: Lever, Evelyne: Madame de Pompadour, Paris, 2000, S. 376, Übersetzung A. Weisbrod

Kapitel 8

Die Drahtzieherin

François-Hubert Drouais:
Madame de Pompadour am Stickrahmen (1763/64)
Öl auf Leinwand, 217 x 156,8 cm

19 Jahre lang hat Madame de Pompadour die höfische Welt in einen Reigen wechselnder Selbstdarstellungen entführt. 1764 empfängt sie uns ein letztes Mal in ihrem Arbeitszimmer. Majestätisch, gelassen, ihrer selbst und ihrer machtvollen Position absolut sicher, thront sie auf ihrem letzten Porträt an einem Stickrahmen aus Ebenholz. In gewohnt imposanter Manier schaut sie dem Betrachter prüfend mitten ins Gesicht. Sie scheint auf einen Besucher zu warten. Rechts von ihr befindet sich ein prachtvoller Bibliotheksschrank, in dem einige Bücher mit unentzifferbaren Titeln stehen. Durch seine leuchtenden Verzierungen in Gold und Dunkelgrün hebt er sich wie ein Schmuckstück von dem monochrom beigefarbenen Hintergrund ab. Vor dem Schrank steht ein kostbarer Nähtisch mit Schubladen, die mit den Worten »Rot«, »Blau« und »Violett« beschriftet sind und dem Sortieren verschiedenfarbiger Garne dienen. Darunter können wir ein silbernes Stickwerkzeug und zwei Knäuel roten und blauen Garns erkennen. Ein Buch liegt auf dem mittleren Regalboden des Nähtisches neben einer mit rosafarbenen Bändern verzierten Laute und einer Mappe mit Kupferstichen, wie wir sie schon von Maurice-Quentin Delatours Bildnis von 1755 kennen. In der akkuraten Bücherreihe des verglasten Schranks hat es eine auffällige Lücke hinterlassen. Ihre alten Leidenschaften, die Musik, die Kunst, die Literatur sind neben Madame de Pompadour versammelt. Sie wirken, als hätte sie sich ihnen eben noch gewidmet und sie nur schnell beiseite gelegt, um sich für ihre Besucher in Szene zu setzen.

Als sie im Sommer 1763 bei François-Hubert Drouais (1727–1775) ihr letztes Porträt in Auftrag gibt, ist sie zweiundvierzig Jahre alt und schwer herzkrank. In politischer Hinsicht durchlebt sie schlimme Zeiten, immer häufiger muss sie das Bett hüten. Trotzdem rechnet sie nicht damit, die Fertigstellung des Gemäldes nicht mehr zu erleben. Vielmehr soll das lebensgroße Bildnis jetzt, da Frankreich in der schwersten Krise seit dem Regierungsantritt Ludwigs XV. steckt, Teil eines großen Befreiungsschlags werden. Ein für allemal soll es ihr Ansehen in den strengen Augen des Hofes und der öffentlichen Meinung erstrahlen lassen. Unklar ist, ob die Wahl für dieses letzte ambitionierte Kunstprojekt sofort auf François-Hubert Drouais gefallen ist, denn zunächst erhält der Maler im Frühjahr 1763 nur den Auftrag für ein kleines Brustbild. Vor monochromem Hintergrund zeigt es die Mätresse modisch elegant mit Spitzenhaube und einem Fellmuff, wie ihn zu Beginn der 1760er-Jahre fast alle vornehmen Damen in Versailles und Paris tragen. Das Bild soll gleich in mehreren Kopien angefertigt werden und als exklusives Präsent an Madame de Pompadours Vertraute wie den Herzog de Choiseul verschenkt werden. Im Juni 1763 will Drouais die letzten Retuschen nach dem lebenden Modell vornehmen. Die Mätresse hält sich zu diesem Zeitpunkt anlässlich der Friedensfeierlichkeiten für mehrere Tage in der Stadt auf und kann den Künstler zu einer Porträtsitzung in seinem Atelier im Louvre aufsuchen. Das zufriedenstellende Ergebnis vor Augen, muss ihr im Rahmen dieses Arbeitstreffens die Idee gekommen sein, ausgehend von dem Brustbild ein weiteres, dieses Mal lebensgroßes Porträt zu bestellen, das sie erneut in ihrem Kabinett in der Fülle ihrer Macht zeigen soll.

Der Auslöser für dieses letzte große PR-Projekt liegt im Umschlagen der öffentlichen Meinung, die sich im Verlauf des Siebenjährigen Krieges vehement wie nie zuvor gegen Madame de Pompadour wendet. Die königliche Mätresse und die von ihr protegierten Armeeführer ziehen im Sommer 1763 den gesamten Hass der Öffentlichkeit auf sich. Allen voran der glücklose Prinz de Soubise, den man als einen der Hauptverantwortlichen für die Niederlage Frankreichs ansieht. In den Augen der empörten Bevölkerung hatte Soubise mit dem

Verlust der Schlacht von Rossbach am 5. November 1757 – die 50 000 französischen Soldaten unterlagen hier den knapp 20 000 Soldaten Friedrichs II. – die Moral der französischen Truppen entscheidend geschwächt. Zwar hatte es für Madame de Pompadour damals nur einen Schuldigen gegeben: den unglücklicherweise von ihr protegierten Herzog de Richelieu, der aufgrund seiner Eifersucht auf Soubise den Nachschub bewusst zurückgehalten hatte. Trotzdem konzentriert sich der Unmut des Volkes von da an ausschließlich auf sie und den Prinzen. Madame de Pompadour erhält schriftliche Morddrohungen. Der Abbé de Bernis schreibt am 14. November 1757 an den Grafen de Stainville, der sich zu diesem Zeitpunkt als französischer Botschafter in Venedig aufhält: »Unsere Freundin ist wirklich zu bedauern. Die Öffentlichkeit hätte ihr das Oberkommando für Soubise höchstens um den Preis eines Sieges verziehen.« Am 22. November fügt er hinzu: »Sie hat M. Soubise die größten Freundschaftsbezeugungen zukommen lassen und der König hat dies ebenfalls getan.«[1]

Die öffentliche Meinung scheint sich in der Frage von Schuld und Verantwortung im Siebenjährigen Krieg nicht getäuscht zu haben. Auch an den gegnerischen Höfen ist man kurz vor dem Ende des Krieges zu der Ansicht gelangt, dass hinter dem französischen König Madame de Pompadour die Fäden zieht, dass sie es ist, die den Verlauf des Krieges entscheidend beeinflusst. Bei den Friedensverhandlungen zwischen England und Frankreich Anfang des Jahres 1763 bemerkt der englische Außenminister Newcastle bezüglich Madame de Pompadours Rolle bei den Friedensverhandlungen gegenüber dem englischen Unterhändler Sir Joseph York lapidar: »Die große Frage ist, auf welcher Seite die Lady steht. Das wird alles entscheiden.«[2]

Zur großen Erleichterung der englischen Unterhändler zeigt sich »the Lady« dem Ende des Krieges gewogen und so kann der Friedensvertrag am 10. Februar in Paris unterzeichnet werden. Obwohl es für Ludwig XV. und seine Minister in Wirklichkeit nichts zu feiern gibt, außer dem Ende eines verlustreichen Krieges, wird der Frieden im Sommer in Versailles und Paris in pompösen Festakten demonstrativ begangen. Und auch Madame de Pompadour will den offiziell verordneten Jubel dazu nutzen, ihren ramponierten Ruf aufzupolieren. Das neue Porträt soll die Dinge in ihrem Sinne geraderücken und sie präsentieren, wie sie sich entgegen aller bitteren Realität noch immer sieht: als machtvolle und weise Ratgeberin, der ausschließlich das Wohl des Königs und des Landes am Herzen liegt.

Da die Zeit drängt – das Gemälde soll im Salon vom August 1764 ausgestellt werden – macht sich François-Hubert Drouais gleich nach der letzten Sitzung zur Fertigstellung des kleinen Brustbildes an die Arbeit. Wie schon einmal Anfang der fünfziger Jahre mit dem schwierigen Maurice-Quentin Delatour wählt die Mätresse auch dieses Mal nicht ihren Lieblingsmaler François Boucher für den heiklen Auftrag aus. Sie entscheidet sich für einen Künstler, bei dem schon allein sein Name für breite Anerkennung bürgt. Drouais ist nicht nur für die Lebensechtheit seiner Werke berühmt, sondern ebenso in bürgerlichen wie in höfischen Kreisen sehr beliebt. Nach den vielen künstlerischen Missgriffen der 1750er-Jahre trifft sie 1763 eine exzellente Wahl. Drouais liefert eine glänzende Arbeit ab, die selbst die bürgerlichen Kritiker überzeugt.

Auf seinem Porträt empfängt uns Madame de Pompadour in einem elfenbeinfarbenen Tageskleid, das mit rankenden Rosen und kostbaren Spitzen veredelt ist. Ihr silbergrau gepudertes Haar wird von einer Spitzenhaube mit gestreiften Bändern bedeckt, wie sie auch den Ausschnitt des Kleides zieren, und unter dem Rocksaum lugt keck die Spitze eines silbern bestickten Schuhs hervor. Links neben Madame de Pompadour bauscht sich ein prächtiger leuchtend roter Vorhang, der zusammen mit dem monochromen Hintergrund den Eindruck erweckt, sie säße auf einer Bühne.

Madame de Pompadour am Stickrahmen führt uns auf meisterliche Weise vor, worin das Geheimnis der Macht der Mätresse besteht, warum sie sich trotz Alter und Krankheit, trotz Intrigen so lange uneingeschränkt am Hof behauptet. Der Künstler greift dazu auf ein vordergründig höchst banales Bildmotiv zurück, das zu Beginn der 1760er-Jahre sehr in Mode ist: eine Frau am Stickrahmen.

Das Sticken wird im 18. Jahrhundert als eine ideale Tätigkeit für Frauen angesehen. Die stete Beschäftigung der Hände soll dem Nichtstun vorbeugen, das als Sünde betrachtet wird, wie im – oft gestickten – Sprichwort »Müßiggang ist aller Laster Anfang« bis heute überliefert ist. Um der Schicklichkeit Genüge zu tun, ist es daher zu Madame de Pompadours Zeiten üblich, stets eine Handarbeit zu verrichten, wobei sich das Sticken besonders im Kreis um die strenggläubige Königin Marie Leszczyńska und die Kronprinzessin Maria Josefa größter Beliebtheit erfreut. Auch in der Kunst gilt es als angemessen, eine Frau bei dieser Tätigkeit zu zeigen. Der Stickrahmen lässt das letzte Porträt als simple Darstellung einer sittsam beschäftigten Hofdame erscheinen, doch erweist es sich bei näherer Betrachtung ebenfalls wieder als vielschichtige und subtile Machtdemonstration.

Auch im Jahr 1763 liegt es Madame de Pompadour mehr als fern, sich als eine auf belanglose Tätigkeitsfelder begrenzte Frau porträtieren zu lassen. Das Sticken entspricht zum Entstehungszeitpunkt des Bildes nur besser den veränderten Erfordernissen ihrer Selbstdarstellung als die demonstrativen Machtsymbole der vorangegangenen Gemälde. Dazu muss man wissen, dass sich ihr Empfangsritual nach ihrer öffentlichkeitswirksam inszenierten Bekehrung auffällig geändert hatte. Der Stickrahmen gehört seitdem zu den festen Bestandteilen ihrer öffentlichen Auftritte. Der Herzog de Croÿ notiert sich im Februar 1756, kurz nach Madame de Pompadours Ernennung zur Hofdame: Sie »strich ihr öffentliches Ankleideritual und empfing ab dem nächsten Dienstag die Botschafter an ihrem Stickrahmen.«[3]

Der Stickrahmen im Gemälde von 1764 symbolisiert nicht die Ehrbarkeit einer zur Kirche bekehrten Frau, sondern die große Fähigkeit Madame de Pompadours, sich an veränderte Gegebenheiten anzupassen und dadurch ihre Position zu stützen. Wie schon fünf Jahre zuvor im ovalen Bild von Madame de Pompadour am Ankleidetisch, werden wir in ihrem letzten Bildnis zu Zeugen eines zentralen Machtrituals: Die Marquise empfängt am Vormittag, dieses Mal jedoch schon elegant gekleidet am Stickrahmen sitzend, die üblichen Bittsteller.innen, Gesandten, Minister, Verkäufer.innen und Höflinge in ihrem Kabinett. Wie sie werden auch wir als Betrachter.innen zu ihren Bittsteller.innen gemacht. Alle, die vor das Gemälde treten, werden zu Untertan.innen der Mätresse. Alle wollen wir etwas von ihr: einen Posten, eine Einladung, ein vermittelndes Wort gegenüber dem König, eine Information oder wenigstens die Zusage, etwas zu kaufen. Bei ihr laufen die Fäden des feinen Gewebes ›Höfische Gesellschaft‹ zusammen. Sie hält die einzelnen Stränge souverän in Händen und fügt, auf dem Porträt verdeutlicht durch das auffällig in der rechten Hand gehaltene Stickwerkzeug, mit dem sie gerade einen neuen Stich im eingespannten Tuch anbringt, dem höfischen Netzwerk allein nach ihrem Geschmack und Gutdünken einen weiteren Faden hinzu.

Seit ihrer offiziellen Vorstellung in Versailles im September 1745 hat Madame de Pompadour getan, was sie auf

Drouais' Bildnis, symbolisiert durch den Stickrahmen, zeigen lässt: Verbindungen geknüpft und Netzwerke aufgebaut. Sie arrangiert Ehen zwischen Adligen vom Hof und Frauen aus ihrer Verwandtschaft, die sie meistens wenig später in vorteilhaften Positionen in den Haushalten von Königin, Kronprinzessin oder Königstöchtern unterbringt. So richtet sie die Hochzeit einer Nichte mit dem Grafen d'Ablimont aus, präsentiert diese wenig später bei Hof und nimmt sie in ihren eigenen Haushalt auf, wodurch die junge Frau Zugang zum engeren Kreis um den König erhält. Sie vermittelt einflussreiche Posten, bedeutende Orden und großzügige Apanagen, die schon nach wenigen Jahren am Hof viele adlige Familien ihr gegenüber zu großem Dank verpflichten. Dabei beweist die Marquise einen ausgesprochenen Sinn für Diplomatie und geht bei der Vergabe von Gunst äußerst geschickt vor. Erachtet sie eine verlangte Gunst als zu hoch, scheut sie sich nicht, den verlangten Posten zu verweigern. Besonders die ständigen Bitten ihres Vaters um Ämter oder Geld für alle möglichen Verwandten lehnt sie häufig ab. In der Sache eines angeheirateten Neffen, dem sie schon den lukrativen Posten eines Steuereintreibers verschafft hatte, erklärt sie ihrem Vater im Juli 1753: »M. Bouret hat wirklich Unrecht, wenn er sich und seine Familie noch nicht als genügend begünstigt erachtet.«[4] Wenig später weist sie ihren Vater erneut zurecht, dieses Mal, weil er für seinen Sohn Abel um die Stelle des Domprobstes von Paris bittet. »Es war niemals die Rede davon, dass mein Bruder die Probstei von Paris erhalten sollte. Dieses Amt ist sehr teuer, bringt wenig ein und macht ihn zu keinem größeren Herrn, als er es sowieso schon ist.«[5]

Schon vor ihrem Aufstieg zur offiziellen Mätresse des Königs hatte Madame de Pompadour äußerst geschickt die Fäden gezogen. So macht die Herzogin de Chevreuse, die später zu Pompadours Vertrauten am Hof zählen wird,

Ludwig XV. im Jahr 1743 auf die junge, ausgesprochen hübsche Madame d'Etiolles aufmerksam, die, sei es Zufall oder nicht, den Weg der königlichen Jagdgesellschaft mehrfach kreuzt. Madame de Chevreuse ist die Schwiegertochter des Herzogs de Luynes, der sich später so wohlwollend über die Bekehrung Madame de Pompadours äußern wird. Sie ist auch eine Nichte von Madame de Saissac, die über gute Kontakte zum Hof verfügt und die junge Mademoiselle Poisson als eine der ersten in Paris empfängt. Ein Cousin von Madame de Pompadour, der als erster Kammerherr des Thronfolgers arbeitet, und auch Le Bel, ein ehemaliger Liebhaber ihrer Mutter, der die Stelle des Kammerdieners bei Ludwig XV. innehat, tragen im März 1745 entscheidend dazu bei, die ersten Treffen zwischen dem König und seiner künftigen Mätresse vor den neugierigen Höflingen geheim zu halten.

Einmal in Versailles etabliert, verpflichtet sich Madame de Pompadour durch jede Gunst einen neuen Günstling. Gegenleistungen dafür fordert sie zu einem späteren Zeitpunkt ohne zu zögern ein. Ein Brief an ihren in Rom weilenden Bruder aus dem Jahr 1750 belegt, dass sich Madame de Pompadour des Zusammenhangs zwischen dem Erhalt von Gunstbeweisen und ihrer eigenen Machtposition vollkommen klar ist: »Ich bin hochzufrieden über den Empfang, den Ihnen der Heilige Vater bereitet hat. Die Wertschätzung, die man mir in ›diesem Land hier‹ entgegenbringt, wo jeder meine Dienste in Anspruch nimmt, wundert mich nicht, ich war allerdings erstaunt, dass sie bis nach Rom reicht.«[6]

Wie weit ihr Einfluss um 1750 tatsächlich schon reicht, zeigt ihre Reaktion auf die brieflich geäußerte Sorge ihres Bruders Abel über seine etwas frostige Verabschiedung aus Rom durch den dortigen französischen Botschafter, Herzog de Nivernais. »Es kann sich anlässlich ihres Abschiedsbesuchs nur um ein Missverständnis gehandelt haben, denn Monsieur de Nivernais, ganz unabhängig von dem großen Interesse, das er haben muss, nichts zu tun, was mir missfallen könnte, hat mir in seinem letzten Brief berichtet, dass Sie abgereist sind, dass ihr Verhalten tadellos war und mich gebeten, Ihnen auszurichten, wie sehr Ihr Wohlverhalten ihn gerührt habe.«[7]

Den Begriff »dieses Land hier« (»ce pays-ci«), den Madame de Pompadour im ersten der beiden zitierten Briefe an ihren Bruder verwendet, wird von den Höflingen üblicherweise als Bezeichnung für Versailles benutzt, um zum Ausdruck zu bringen, dass es sich dabei um ein Territorium mit einer ganz eigenen Funktionsweise handelt. Seine Gesetzmäßigkeiten kann sich die bürgerliche Mätresse innerhalb kürzester Zeit aneignen. Sie sucht sich genau aus, wen sie empfängt, wem sie welche Dienste erweist und von wem sie selbst Gunst oder Ehrbezeugungen annimmt. Besonders der preußische König Friedrich II. bekommt dies als ihr erklärter Gegner mehrfach auf höchst unangenehme Weise zu spüren. Seine wiederholten Bestechungsversuche lässt sie elegant ins Leere laufen, ohne ihm auch nur den geringsten Einblick in ihre Handlungsspielräume zu gewähren. Aufgebracht fordert Friedrich II. am 8. November 1755 von seinem Gesandten in Versailles: »Schreiben Sie mir klar, woran ich derzeit bin, ob sie momentan der Premierminister ist und ob sie die auswärtigen Angelegenheiten beeinflussen kann.«[8] Baron von Knyphausen versichert ihm umgehend, Madame de Pompadour nehme erheblichen Einfluss auf die außenpolitischen Entscheidungen Frankreichs und vermittelt damit eine Einschätzung, die der österreichische Gesandte Starhemberg drei Jahre später bestätigen wird. Er bezeichnet 1758 in einem Schreiben an den Wiener Hof Madame de Pompadour, gemeinsam mit dem damaligen Außenminister Bernis, als »Meister vom ganzen Staat.«[9]

Im Jahr 1755 weist der preußische König, durch die beunruhigende Einschätzung seines Botschafters alarmiert, diesen an, die Marquise um eine private Audienz zu bitten. Knyphausen soll ihre Haltung gegenüber Preußen sondieren. Doch sie ist, angesichts der kurz vor dem Abschluss stehenden Bündnisverhandlungen mit Österreich, für Preußen zu diesem Zeitpunkt nicht mehr zu sprechen. Nachdem sich Knyphausen längere Zeit vergeblich um ein Treffen unter vier Augen bemüht hat, muss er schließlich im März 1756 resigniert nach Potsdam berichten: »Madame de Pompadour hat mir mitteilen lassen (...), dass ich wohl wisse, dass sie keineswegs die Gewohnheit habe, die auswärtigen Gesandten unter vier Augen zu sehen und dass sie, so sehr sie auch bereit sei, zu Gunsten des Gesandten des Königs von Preußen alle Arten von Ausnahmen von dieser Regel zu gewähren, diese Etikette doch nicht aufgeben könne, da dies unweigerlich Folgen für die anderen auswärtigen Gesandten nach sich ziehen würde.«[10]

Madame de Pompadour bleibt durch solches Verhalten für die meisten Höflinge und Politiker außerhalb ihres engsten Kreises undurchschaubar. Als sie im Jahr 1756 in der Manufaktur von Vincennes einen Weihwasserkessel für den Papst in Auftrag gibt, weist sie den französischen Botschafter Stainville ausdrücklich an: »Schenken Sie ihn als ihr persönliches Präsent und erbitten Sie als Gegengabe ein kleines Stück vom wahren Kreuz. Ich möchte auf gar keinen Fall, dass er erfährt, dass der Kessel von mir stammt.«[11]

Für ihr Kalkül ist es nicht entscheidend, den Papst wissen zu lassen, von wem der Weihwasserkessel in Wirklichkeit stammt. Wichtig ist nur, im Gegenzug ein »kleines Stück vom wahren Kreuz« als Geschenk vom Heiligen Vater höchstpersönlich zu erhalten und dafür zu sorgen, dass man am Hof davon erfährt. Denn dadurch müssen sich alle über die stetig wachsende Machtstellung der Marquise Gedanken machen und können doch aufgrund ihres undurchschaubaren Vorgehens über ihre Reichweite nur spekulieren. Solch fehlende Einschätzbarkeit ihrer Handlungsspielräume fördert die Gerüchte von der allmächtigen Mätresse und lässt sie ihren Gegner.innen als unbesiegbar erscheinen. Über die Jahre entwickelt sie sich zu einer wahren Meisterin der Verschleierung ihres tatsächlichen Einflusses. Einmal treibt sie dieses Verwirrspiel sogar so weit, gegenüber einem ausländischen Gesandten lächelnd zu behaupten, sie als Frau könne sich gar nicht anmaßen, zu politischen Angelegenheiten eine eigene Meinung zu besitzen. Nach außen hin lässt sie sich keine Gefühlsregung anmerken, die meisten Menschen bekommen nur eine freundliche Fassade, ein unergründliches Lächeln zu sehen. Ihrem Bruder gibt sie für seine Bildungsreise durch Italien folgende diplomatische Handlungsanweisung mit auf den Weg: »Ich lege Ihnen dringend ans Herz, sich immer äußerst höflich zu verhalten, genauso diskret zu sein und es sich zur Aufgabe zu machen, da Sie nun einmal für die gehobene Gesellschaft gemacht sind, mit jedermann höchst liebenswürdig zu sein.«[12]

Im Gegenzug lässt sie sich selbst keineswegs von einer höflichen Fassade oder freundlichem Blendwerk täuschen. Den französischen Botschafter Stainville mahnt sie in einem Brief aus dem Jahr 1756 recht unverblümt, nicht so leichtgläubig zu sein. »Ich habe ihren Bericht über die Kardinäle gelesen, zu denen, die mir unbekannt sind, kann ich im Einzelnen nichts sagen; was jedoch Monsignore Durini betrifft, muss ich leider feststellen, dass Sie sich trotz ihrer Geistesgegenwart benehmen wie der einfachste Gimpel, wenn Sie sich derart von seiner Pose der Gutmütigkeit täuschen lassen. In der ganzen Zeit, die er hier am Hof verbracht hat, war er ausschließlich damit beschäftigt, die

Entscheidungen des Königs auf das Verwerflichste darzustellen.«[13]

Nötigenfalls schreckt sie auch nicht davor zurück, Begünstigte zu maßregeln, wenn sie sich nicht ihren Wünschen gemäß verhalten. So spricht sie den Grafen de Stainville, dem sie die Stelle als Botschafter in Rom und den prestigeträchtigen Orden vom blauen Band (Cordon bleu) verschafft hatte, in Briefen mehrfach mit »Monsieur bleu« (Herr Blau) oder »Monsieur l'ambassadeur« (Herr Botschafter) an, um ihn daran zu erinnern, wem er die erhaltene Gunst verdankt. Einmal befiehlt sie ihm harsch, in einer diplomatischen Verwicklung mit dem Vatikan »sein Hirn zu benutzen«.[14] Ein anderes Mal schreibt sie dem politisch ungeschickt agierenden Gouverneur der Bretagne, der ebenfalls zum Kreis ihrer Günstlinge zählt, wütend: »Sie haben nur die Unannehmlichkeiten Ihres kleinen Kommandos und ich die der gesamten Verwaltung, denn inzwischen gibt es keinen Minister mehr, der nicht käme, um mir seine Sorgen zu berichten.«[15] In einem weiteren Brief an den Gouverneur bezeichnet sie sich mit »Maitre des requêtes« als diejenige, die alle Bittschriften und Gunstgesuche an Ludwig XV. weiterleite.[16]

Weil sie als Bürgerliche anfangs nicht mit den komplizierten Regeln von Versailles vertraut ist, erkennt Madame de Pompadour schnell, dass eine erreichte Position durch ein stabiles Netzwerk gesichert werden muss. Aufgrund ihrer diplomatischen Fähigkeiten kann sie sich fast zwanzig Jahre lang souverän am Hof halten. Ein Gegenbeispiel finden wir in der glücklosen, ersten Mätresse Ludwigs XV.: Von Madame de Mailly ist überliefert, sie habe den König so bedingungslos geliebt, dass sie nie auch nur eine einzige Gunst von ihm erbeten habe. Am Hof nannte man sie deshalb verächtlich »die kleine Mailly« und niemand wunderte sich, als sie schon bald nach ihrer Erhebung zur offiziellen Mätresse im Jahr

1739 von der eigenen Schwester aus ihrer Position verdrängt wurde.

In Versailles wird mit Gunstbeweisen ein regelrechter Handel betrieben und je verzweigter das Netzwerk eines Hofmitgliedes ist, desto mehr sind Macht und Einfluss gewährleistet. Dabei ist besonders der Zugriff auf geheime Informationen wichtig. Madame de Pompadour bringt er in der Affäre um die junge Gräfin Rosalie Choiseul-Romanet am Ende den entscheidenden Vorteil gegenüber der neuen Geliebten des Königs und versetzt sie in die Lage, ihre Rivalin vom Hof zu vertreiben. Damit sich ein Netzwerk als wirklich tragfähig erweist, müssen Günstlinge an möglichst vielen Stellen innerhalb und außerhalb des Hofes ebenso wie an anderen Fürstenhöfen platziert werden, so unbedeutend der einzelne Posten auch sein mag. Die Vergabe einer Postpächterstelle in der französischen Provinz, die prestigeträchtige Unterschrift der Marquise auf einer Taufurkunde oder, ganz konkret, wie im Fall des hochverschuldeten französischen Botschafters Stainville, die Vermittlung von Geld, gewährleisten ihren umfangreichen Einfluss weit über die Grenzen des Hofes hinaus. Neben Madame de Pompadours Freund.innen gibt es reine Günstlinge, die ihr Dank schulden, ohne zu ihrem engen Kreis zu gehören. Die Verpflichtung zu einer Gegenleistung für die einmal erhaltene Gunst erlischt auch nach Jahren nicht. So geht Madame de Pompadour im Jahr 1750 mit großer Selbstverständlichkeit davon aus, dass ein Günstling, der inzwischen an einem italienischen Hof lebt, ihren Bruder Abel empfängt und sich für ihn einsetzt. Im Gegenzug zögert Madame de Pompadour nicht, erbrachte Gegenleistungen mit einer neuen Gunst zu vergelten, die wiederum neuerliche Verbindlichkeiten ihr gegenüber auslösen. Obwohl der Einfluss der Mätresse stetig wächst, ist die Pflege ihres Netzwerks kein leichtes Geschäft, wie die Verleihung des

Ordens vom blauen Band an den Grafen de Stainville zeigt: Madame de Pompadour benötigt fast zehn Monate, um Ludwig XV. zur Vergabe dieser höchsten aller französischen Auszeichnungen zu bewegen.

In ihren Briefen beteuert Madame de Pompadour gerne, ausschließlich am Wohl des Königs und Frankreichs interessiert zu sein, doch man muss heute davon ausgehen, dass bei den oben erwähnten Abläufen die Sicherung ihrer eigenen Position im Vordergrund steht.[17] Dies zeigt besonders ihr enges Verhältnis zu den Brüdern Joseph Pâris Duverney und Jean Pâris de Montmartel, die als Finanziers und Armeelieferanten eine Schlüsselposition im französischen Herrschaftsgefüge innehaben und sicherlich in der Lage wären, die Stellung der Mätresse zu destabilisieren, falls sie sich nicht genügend erkenntlich zeigt. Es ist daher kaum verwunderlich, hinter den von Madame de Pompadour beeinflussten Personalentscheidungen, die Pâris als die eigentlichen Profiteure der Neubesetzungen zu finden. Zu Beginn des Siebenjährigen Krieges haben die beiden, vermittelt über Madame de Pompadour, bei der Absetzung des erfolgreichen Oberkommandierenden Marschall d'Estrées und der Berufung des Herzogs de Richelieu ihre Hand im Spiel. D'Estrées hatte sich im Vorfeld mehrfach deutlich bei Ludwig XV. über den mangelnden Nachschub beschwert, für dessen Organisation Pâris-Duverney zuständig war, während dieser dem Marschall vorwarf, die Anfangserfolge der französischen Armee nicht dauerhaft zu Frankreichs Vorteil zu nutzen. In Richelieu, der aufgrund seiner prestigeträchtigen Berufung sowohl den Pâris als auch Madame de Pompadour zu Dank verpflichtet ist, hoffen die Brüder einen leichter lenkbaren Kommandeur als den sturen Marschall zu finden. Schnell zeigt sich jedoch, dass der Herzog genauso unberechenbar ist wie d'Estrées. Wie die meisten Günstlinge hat er fatalerweise bei seinen Entscheidungen weniger Frankreichs Wohlergehen als seine eigene Positionierung auf Kosten seines Konkurrenten Soubise im Blick. In einem Brief vom 16. April 1758 beklagt sich der französische Außenminister Bernis beim französischen Botschafter Stainville über die Veruntreuung der Brüder Pâris. Auf Betreiben von Madame de Pompadour bezahle man an Joseph Pâris-Duverney für den Nachschub Unsummen, ohne zu wissen, wo das Geld eigentlich bliebe.

Im Verlauf des Siebenjährigen Krieges gewinnen in Versailles Gunst und Intrige gegenüber Können und Integrität in einem Maße die Oberhand, dass es dem Staat mehr und mehr schadet. Madame de Pompadour trägt durch ihren großen Einfluss auf den König und die Regierungsgeschäfte erheblich zu diesem schädlichen Prozess bei. Sie selbst allerdings lässt bis zum Schluss mit Hilfe der Kunst ein Selbstbild zelebrieren, das sie als loyale Freundin des Königs und mächtige Wohltäterin ihres Landes feiert. In ihrem letzten Porträt treibt sie diese geschönte Inszenierung bis auf die Spitze. Ihre klugen, von Altersweisheit zeugenden Augen scheinen den Betrachtern erneut eindrücklich mitzuteilen: »Seht her, dies ist mein Werk, bei mir laufen alle Fäden zu eurem Wohl zusammen.«

Der Maler trägt dieser Aussage mit seiner Komposition Rechnung. Durch den pyramidalen Bildaufbau der Figur, die genau im Fluchtpunkt der Zentralperspektive sitzt, erscheint Madame de Pompadour imposant und allmächtig. Sie thront im wahrsten Sinne des Wortes im Mittelpunkt.

Im Sommer 1763 setzt sich Madame de Pompadour ein letztes Mal in Szene, um ihrer übermächtigen Stellung am Hof huldigen zu lassen. Anders als Carle Vanloo, der 1760 seine melancholische Bestandsaufnahme bis in die letzten Falten der verschatteten Augenwinkel, den letzten bleichen Hauch der einstmals rosigen Wangen der Mätresse getrieben hatte, lässt uns François-Hubert Drouais an der würdevoll überhöhten Inszenierung der mächtigsten Frau Frankreichs teilhaben: Madame de Pompadours Haar scheint mehr modisch gepudert als natürlich ergraut zu sein, das schneeweiße Dekolleté ist makellos, die Rundungen des leichten Doppelkinns gehen in frisch gerötete Wangen über, ihre grauen Augen leuchten wie eh und je. Eine genau geplante Darstellung für den Blick der Öffentlichkeit, für die neugierigen Gäste, die im nächsten Augenblick in ihr Zimmer strömen werden und denen sie ihre eigentlichen Interessen verhüllt. Als hätte sie die Laute ebenso rasch beiseite gelegt wie das gerade gelesene Buch, hat sie sich mit geradem Rücken und inquisitorischem Blick am Stickrahmen bereit gemacht, einen offiziellen Besucher, vielleicht einen ausländischen Botschafter, einen Minister oder eine Hofdame der Königin auf die ehrbarste Weise zu empfangen, die einer Adligen am Hof Ludwigs XV. möglich ist.

Ein letztes Mal betritt Madame de Pompadour eine Bühne – sie, die als junge Frau so leidenschaftlich Theater gespielt hat, in den unterschiedlichsten Rollen verzaubert hat, stets changierend und alles beherrschend. 1764 scheint sie in einem für eine ältere Dame am Hof angemessenen Auftritt vollständig aufgegangen zu sein. Mit ihrer Arbeit am Stickrahmen scheint sie ein vorherrschendes Frauenbild zu verkörpern, das sich aus den Theorien eines Vordenkers wie Jean-Jacques Rousseau speist, der die Gobelinstickerei als »einzigen sinnvollen Zeitvertreib für eine Frau« definiert hatte.[18] Der strenge bürgerliche Kunstkritiker Grimm wird sie später in seiner Besprechung der Salonausstellung als einzige angemessene Tätigkeit für eine Frau bejubeln.[19] Dennoch lässt sie uns nicht darüber im Unklaren, mit wem wir es hier zu tun haben:

Wie schon auf dem Porträt *Madame de Pompadour im Freien sitzend* von 1758, passt sie sich auch 1764 nur vordergründig einem bürgerlichen Frauenideal an. Die neuen

Machteliten werden von ihr umworben, um ihre Position zu stabilisieren. Sie verfährt damit auf eine Weise, die bei den herrschenden Schichten des 18. Jahrhunderts häufiger zu finden ist. Wie der Historiker Johannes Kunisch 1986 treffend formuliert, war die Übernahme aufklärerischer Ideen durch die Fürsten des 18. Jahrhunderts eine »das bürgerliche Publikum irreführende Inanspruchnahme seiner eigenen Philosophie. Die Philosophie glaubte sich der Könige zu bedienen, es waren aber die Könige, die sich ihrer bedienten.«[20]

Subtil bis zum Schluss, inszeniert sich Madame de Pompadour am Stickrahmen als Zentrum des französischen Hofs. So, wie sie uns auf früheren Gemälden demonstrativ Notenblätter, Bücher und Pinsel als Zeichen ihrer Machtfülle oder zuletzt einen abgeschnittenen Jasminzweig als Symbol ihrer persönlichen Vergänglichkeit gezeigt hat, präsentiert sie uns in ihrem letzten Porträt ein Stickwerkzeug, auffällig gehalten in ihren elegant einander zugewandten Händen. Als eine Künstlerin am Stickrahmen, eine Meisterin der Netzwerke hält sie die Fäden auf dem Bild ebenso in der Hand wie am Hof, dessen Stränge sie in den Königsfarben Rot und Blau zu einem filigranen Gewebe der Macht verknüpft, das einzig und allein ihre Handschrift trägt. Dazu passt auch, dass der Stickrahmen als eines der Attribute der Göttin der Weisheit gilt.[21] Das simple Handarbeitsgerät wird zum Symbol einer Herrschaft, die Madame de Pompadour klug und weise ausübt, wie Minerva selbst. Im Porträt von 1764 lässt sie so noch ein letztes Mal von ihrer Macht und ihrer einzigartigen Position am Hof erzählen. Doch in die Königsfarben des majestätischen Rot und imperialen Blau mischt sich mit dem Violett, das als dritte Farbe auf der rechten Porzellanplakette des Nähtisches geschrieben steht, ein melancholischer Ton der Trauer, der Buße und Umkehr, als hätte sie ihr nahendes Ende so intensiv gespürt wie nie zuvor.

Und tatsächlich erlebt Madame de Pompadour die Fertigstellung des Gemäldes von François-Hubert Drouais nicht mehr. Es ist ihr nicht mehr vergönnt, den Triumph auszukosten, den das Porträt in der Salonausstellung feiert, die tiefe Verbeugung höfischer wie bürgerlicher Kritiker vor seiner Meisterschaft und vor der Dargestellten zu genießen. Dabei wäre es ihr wahrscheinlich ein großer Genuss gewesen, endlich das zu lesen, was sie seit 19 Jahren zu ihren künstlerischen Inszenierungen hatte lesen wollen: Nach einem Besuch in Drouais' Atelier im Louvre schreibt der Kunstkritiker Bachaumont noch vor der Eröffnung der Salonausstellung, die Ähnlichkeit zwischen Modell und Bild sei geradezu frappierend.[22] Die junge Kunstkritikerin Laurette de Malboissière notiert sich am 1. August 1764, nachdem sie das Bild ebenfalls vor der Ausstellung in Drouais' Atelier begutachten durfte: »Wir haben gestern das Porträt der Madame de Pompadour gesehen, das wirklich äußerst gelungen ist. Sie arbeitet an einem Stickrahmen, die ganze Haltung ist sehr vornehm. Ihr wunderschönes Kleid ist aus Spitze und bestickter Baumwolle.«[23]

Besondere Genugtuung hätte Madame de Pompadour sicherlich die Vorstellung verschafft, welches Gesicht Friedrich II. bei der Lektüre von Grimms Eloge auf das Bild in der *Literarischer Korrespondenz* wohl gemacht hatte – Friedrich II., der sie so sehr hasst.[24] Als im Jahr 1758 plötzlich an den europäischen Höfen ein unterwürfiger Brief von Madame de Pompadour an die österreichische Kaiserin Maria Theresia zirkulierte, war schnell klar geworden, dass der preußische König diesen vor lauter Wut auf die Mätresse selbst verfasst hatte! Neun Jahre nach Madame de Pompadours Tod kocht er noch immer: In einem in hoher Auflage verbreiteten Totengespräch lässt er Madame de Pompadour zur Jungfrau Maria sagen, sie habe Minister und Botschafter gemacht und über

Krieg und Frieden entschieden – wahrscheinlich wäre es ihr so vorgekommen, als hätte sie dem unversöhnlichen Preußen per Gemälde leise lächelnd »Schach und Matt« zugeflüstert.

Doch anstatt den Sieg ihrer Inszenierung zu erleben, zieht sich Madame de Pompadour an einem kühlen, regnerischen Märztag im Jahr 1764 eine schwere Erkältung zu und muss in Schloss Choisy, wo sich der Hof gerade für eine Woche aufhält, das Bett hüten. Schnell stellt sich der Ernst der Lage heraus. Ein unablässiger Strom von Kurieren zwischen Paris, Versailles und Choisy setzt ein. Der Herzog de Croÿ trägt in seinem Tagebuch ein: »Madame de Pompadours Krankheit ließ alles zum Erliegen kommen und sorgte für viel Aufregung. (...) Der gesamte Hof und ganz Paris fragten brieflich oder persönlich in Choisy nach Neuigkeiten.«[25]

Ende März können die Freund.innen der Mätresse aufatmen, nach einer schweren Krise scheint es ihr besser zu gehen. Anfang April verschlechtert sich ihr Zustand dramatisch, aus der nicht auskurierten Erkältung wird eine Lungenentzündung. Mitte April ist klar, dass Madame de Pompadour sich dieses Mal nicht mehr erholen wird. Selbst der gläubige Thronfolger Louis Ferdinand, einst ihr hartnäckigster Widersacher am Hof, nun hin- und hergerissen zwischen Anerkennung über ihre Haltung und Genugtuung über ihr baldiges Ableben, schreibt am 14. April an den Bischof von Verdun: »Ich habe selten jemand so couragiert sterben sehen (...) Jedes Mal wenn sie atmet, glaubt sie, dies sei nun ihr letzter Atemzug. Ihr Ende ist eines der schmerzhaftesten und grausamsten, die man sich vorstellen kann. Der König hat sie gestern zum letzten Mal gesehen. Der Pfarrer von der Kirche La Madeleine weicht nicht mehr von ihrer Seite.«[26]

Als der Morgen des 15. April heraufdämmert, ist das Schicksal der Marquise besiegelt. Die Sterbende weiß, dass sie den nächsten Tag nicht mehr erleben wird. Kühl und bis zuletzt auf öffentlichkeitstaugliche Inszenierungen bedacht, bewahrt sie die Fassung. Nachdem sich der König von ihr verabschiedet hat, versammelt sie den Herzog de Choiseul, den Prinzen de Soubise und ihren Bruder Abel zu einem letzten Lebewohl an ihrem Sterbebett. Dann schickt sie die Männer aus dem Zimmer. Der anwesende Priester soll ihr im Beisein ihrer Damen die letzte Beichte abnehmen. Als er sich nach einem gemeinsamen Gebet erhebt, um das Zimmer zu verlassen, hält Madame de Pompadour ihn mit den Worten zurück: »Warten Sie noch einen Augenblick, mein Vater, wir werden gemeinsam gehen.«[27]

Einige Wochen nach Madame de Pompadours Tod schreibt der österreichische Gesandte Starhemberg an den Wiener Hof, der König sei vom Tod der Mätresse zutiefst getroffen. Mit ihr habe er seinen einzigen aufrichtigen, wahren Freund und treuen Ratgeber verloren.

Anmerkungen Kapitel 8:

Anm. 1: Lever, Evelyne: Madame de Pompadour, Paris, 2000, S. 302, Übersetzung A. Weisbrod
Anm. 2: Dade, Eva Kathrin: Madame de Pompadour. Die Mätresse und die Diplomatie, Köln, 2010, S. 223
Anm. 3: Salmon, Xavier, et al.: Madame de Pompadour et les arts, Paris, 2002, S. 162, Übersetzung A. Weisbrod
Anm. 4: Gallet, Danielle: Madame de Pompadour ou le pouvoir féminin, Paris, 1985, S. 148, Übersetzung A. Weisbrod
Anm. 5: ebd., S. 149, Übersetzung A. Weisbrod
Anm. 6: Poulet-Malassis, Auguste (Hg.): Correspondance de Madame de Pompadour avec son père M. Poisson et son frère M. de Vandièrs, Paris, 1878, S. 47, Übersetzung A. Weisbrod
Anm. 7: ebd., S. 81, Übersetzung A. Weisbrod
Anm. 8: Dade, S. 135, Übersetzung A. Weisbrod
Anm. 9: ebd., S. 204
Anm. 10: ebd., S. 137
Anm. 11: Piépape, Leonce de: Lettres de Mme de Pompadour au Comte de Stainville, in: Revue de l'histoire de Versailles et de Seine-et-Oise, 1917, S. 15, Übersetzung A. Weisbrod
Anm. 12: Poulet-Malassis, S. 30, Übersetzung A. Weisbrod
Anm. 13: Pièpape, S. 23, Übersetzung A. Weisbrod
Anm. 14: ebd., S. 25, Übersetzung A. Weisbrod
Anm. 15: Poulet-Malassis, S. 147 f., Übersetzung A. Weisbrod
Anm. 16: Poulet-Malassis, S. 147 f., Übersetzung A. Weisbrod
Anm. 17: Poulet-Malassis, S. 137, Übersetzung A. Weisbrod
Anm. 18: Rousseau, Jean-Jacques, Emil oder von der Erziehung, Emil und Sophie oder die Einsamen, München, 1980, S. 481
Anm. 19: Gabillot, C.: Les trois Drouais, in: Gazette des Beaux Arts, 35/1906, S. 155 ff.
Anm. 20: Kunisch, Johannes, Absolutismus, Göttingen, 1986, S. 191
Anm. 21: Diesen Hinweis verdanke ich dem Vortrag über Wiederholung in der Zeichnung des 18. Jahrhunderts von Katharina Krause im Dezember 2013 im Deutschen Forum für Kunstgeschichte, Paris
Anm. 22: Salmon, S. 164, Übersetzung A. Weisbrod
Anm. 23: ebd.
Anm. 24: Grimm, Friedrich Melchior von: Correspondance littéraire philosophique et critique adressée à un souverain d'Allemagne, Paris, 1813
Anm. 24: Lever, S. 339, Übersetzung A. Weisbrod
Anm. 25: ebd., S. 340, Übersetzung A. Weisbrod
Anm. 26: Poulet-Malassis, S. 137, Übersetzung A. Weisbrod
Anm: 27: Lever, S. 341, Übersetzung A. Weisbrod

Epilog

Au revoir mon amie

Madame de Pompadour besetzte am französischen Hof eine absolute Sonderstellung. Sie war als bürgerliche Frau in einen Machtbereich vorgestoßen, der sonst ausschließlich adligen Männern vorbehalten blieb. Um sich in ihm fast zwanzig Jahre lang zu behaupten, entwickelte sie beständig neue Strategien, die auf den jeweiligen Stand ihrer Beziehung zu Ludwig XV. ebenso ausgerichtet waren wie auf ihr Umfeld. Dabei zeugt die Entwicklung ihrer Porträts, wie auch ihre Korrespondenz, von geschicktem Taktieren und konfliktvermeidendem Verhalten mehr als von wirklichen Überzeugungen. In der überwiegenden Zahl ihrer Bildnisse, an deren Ausführung sie eng beteiligt war, bediente sie sich einer subtilen Kommunikation, die das eigentliche Ausmaß ihrer Macht nur andeutungsweise darstellt.

Nur das Porträt von Maurice-Quentin Delatour aus dem Jahr 1755 erzählt kühn und bis ins letzte Detail von ihrer Machtfülle und ihrem Herrschaftsanspruch, den sie in diesem Fall durch die Bezugnahme auf bürgerliches Gedankengut legitimieren ließ. Dennoch blieb sie, bei allem Flirt mit der Aufklärung, eine treue Royalistin. Besonders in ihrer Korrespondenz vertrat sie stets einen Blick auf Herrschaft, der diese nicht als zu begrenzend wahrnahm, sondern als Notwendigkeit: In den Augen Madame de Pompadours wurde Herrschaft allein durch die rechtmäßige Autorität des Königs begründet. Sie ist absolut. Die Untertanen haben sich Ludwig XV. unterzuordnen, ohne seine Macht zu hinterfragen. Madame de Pompadour fand mit dieser Argumentation, in der sie selbst als Entscheidungsträgerin nur selten offen auftauchte, eine herrschaftssichernde Strategie, die sich bis in ihr letztes Porträt nachweisen lässt. Vordergründig fügte sie sich in das bestehende Machtsystem ein, unterschwellig finden sich eindeutige Hinweise auf sie selbst als eigentliche Herrscherin. Wie weit ihr eigener Machtanspruch ging, macht ein Brief deutlich, den sie im Jahr 1758 an den Gouverneur der Bretagne schrieb: »Sie haben wahrlich recht, Monsieur, es ist nur zu wahr, dass mein Geist und mein Herz beständig mit den Angelegenheiten des Königs befasst sind; doch ohne eine solch unaussprechliche Verbundenheit mit seiner Person und seinem Ruhm wäre ich oft entmutigt über die beständigen Hindernisse, die sich jedem in den Weg stellen, der nur das Beste im Sinn hat. Ich hätte den großen Thron bevorzugt, muss mich aber mit dem kleinen begnügen, der nicht im geringsten meinem Temperament entspricht.«[1]

Madame de Pompadour regierte den König und ermöglichte es ihm doch, sich ihrer als Machtinstrument zu bedienen. Mit der Erhebung einer bürgerlichen Frau zur mächtigen Frau an seiner Seite konnte Ludwig XV. der gesamten höfischen Welt demonstrieren, dass am Hof nur eines wirklich entscheidend war: die Nähe zum Herrscher. Auf der Grundlage dieses Gebens und Nehmens gelang es Madame de Pompadour fast zwanzig Jahre lang, ihre eigenen Netze zu spinnen und dauerhaft eine Machtstellung zu besetzen, die für eine Frau im 18. Jahrhundert einzigartig ist. Dabei glaubte sie, wie das prachtvolle letzte Porträt von Hubert-François Drouais aus dem Jahr 1764 belegt, bis zum Schluss an das, was sie schon im Jahr 1750 an ihre Freundin Madame de Lützelbourg anlässlich der Verlegung ihres Theaters von

Versailles nach Bellevue geschrieben hatte: »Obwohl das Theater nicht viel kostet, glaubt das Publikum doch das genaue Gegenteil und ich wollte die öffentliche Meinung beeinflussen.«[2] Bis zu ihrem Tod war sie von der Wirkmächtigkeit der Bilder, der Macht der Inszenierung und ihrer Kraft überzeugt, die Öffentlichkeit zu ihren Gunsten beeinflussen zu können. Ein glücklicher Umstand, dem die Nachwelt eine Vielzahl beeindruckender Kunstwerke zu verdanken hat, die uns auf eine atemberaubende Reise in die Welt einer der imposantesten Frauengestalten des 18. Jahrhunderts entführen.

Anmerkungen Epilog:

Anm. 1: Poulet-Malassis, Auguste (Hg.): Correspondance de Madame de Pompadour avec son père M. Poisson et son frère M. de Vandièrs, Paris, 1878, S. 137, Übersetzung A. Weisbrod
Anm. 2: ebd., S. 105, Übersetzung A. Weisbrod

Literaturverzeichnis

Barbier, Edmond-Jean-François: Journal d'un bourgeois de Paris sous le règne de Louis XV., Paris, 1963

Bernis, François Kardinal de: Staatsmann und Weltmann. Erinnerungen und Briefe, München, Leipzig, 1917

Catalogue des livres de la bibliothèque de feue Mme la marquise de Pompadour. Dame du palais de la Reine, Paris, 1765

Charavay, Etienne: L'Amateur d'Autographes, 1/1876

Dade, Eva Kathrin: Madame de Pompadour. Die Mätresse und die Diplomatie, Köln, 2010

Diderot, Denis (Hg.): Encyclopédie ou Dictionnaire raisonné des sciences, des arts et des métiers. Par une société de gens de lettres, Lausanne, Bern, 1779–1781

Duden, Barbara: Das schöne Eigentum. Zur Herausbildung des bürgerlichen Frauenbildes an der Wende vom 18. zum 19. Jahrhundert, in: Kursbuch, 47/1977

Elias, Norbert: Die Höfische Gesellschaft, 6. Auflage, Frankfurt am Main, 1992

Falques (auch »Fauques«), Marie Anne Agnès: Die Geschichte der Marquisin von Pompadour, London, 1759

Gallet, Danielle: Madame de Pompadour ou le pouvoir féminin, Paris, 1985

Goodman, Elise: The portraits of Madame de Pompadour. Celebrating the femme savante, Berkeley, 2000

Goodman-Soellner, Elise: Boucher's Madame de Pompadour at her Toilette, in: Simiolus: Netherlands Quaterly for the History of Arts, Vol. 17, No.1, 1987

Goncourt, Jules und Edmond de: L'art du dix-huitième siècle, 2 Bde., Paris, 1873–1874

Grimm, Friedrich Melchior: Correspondance littéraire philosophique et critique adressé à un souverain d'Allemagne, Paris, 1813

Hanken, Caroline: Vom König geküsst, Berlin, 1999

Hausen, Karin: Öffentlichkeit und Privatheit. Gesellschaftspolitische Konstruktionen und die Geschichte der Geschlechterbeziehungen, in: Karin Hausen/Heide Wunder (Hg.): Frauengeschichte Geschlechtergeschichte, Frankfurt am Main, 1992

Hausset, Nicolle du: Memoiren der Frau du Hausset. Kammerfrau der Frau von Pompadour, Stuttgart, 1825

Hausset, Nicole Du: Mémoires de Madame Du Hausset, femme de chambre de Mme de Pompadour (Éd. 1824), Paris, 2017

Habermas, Jürgen: Strukturwandel der Öffentlichkeit, Frankfurt am Main, 1990

Hölscher, Lucian: Öffentlichkeit und Geheimnis. Eine begriffsgeschichtliche Untersuchung zur Entstehung der Öffentlichkeit in der Frühen Neuzeit, Stuttgart, 1979

Kunisch, Johannes: Absolutismus, Göttingen, 1986

Laing, Alastair, et al.: Katalog der Ausstellung, François Boucher 1703–1770, New York/Detroit, Paris, 1986–1987

Lépicié, François Bernard: Vies des premiers peintres du roi depuis M. Lebrun jusqu'à présent, 1752.

Lever, Evelyne: Madame de Pompadour, Paris, 2000

Locquin Jean: La lutte des critiques d'art contre les portraitistes au XIIIe siècle, in: Mélanges offerts à M. Henry Lemonnier, Paris, 1913

Luynes, Charles-Philippe Duc de: Mémoires de duc de Luynes sur la cour de Louis XV (1735–1758), 17 Bde., Paris, 1860–1865

Marin, Louis: Das Porträt des Königs, Berlin, 2006

Méjanès, Jean-François: Maurice-Quentin Delatour. La Marquise de Pompadour, Musée du Louvre, Paris, 2002

Muchembled, Robert: Madame de Pompadour, Paris, 2014

Piépape, Leonce de: Lettres de Mme de Pompadour au Comte de Stainville, in: Revue de l'histoire de Versailles et de Seine-et-Oise, 1917

Poulet-Malassis, Auguste (Hg.): Correspondance de Madame de Pompadour avec son père M. Poisson et son frère M. de Vandièrs, Paris, 1878

Raunie, Emile: Chansonier Historique du XVIIIe siècle, unveränderter Nachdruck der Ausgabe von 1882, Bd. VII, Osnabrück, 1972

Ripa, Cesare: Herrn Cesaris Ripa erneuerte Iconologia oder Bildersprach, Frankfurt a. M., 1669

Rousseau, Jean Jacques: Emil oder von der Erziehung, Emil und Sophie oder die Einsamen, München, 1980

Salmon, Xavier, et al.: Madame de Pompadour et les arts, Paris, 2002

Sandt, Udolpho van de: La fréquentation des Salons sous l'Ancien Régime, in: Revue de l'art, 73/1986

Thiel, Erika: Geschichte des Kostüms, Berlin, 1963

Weckel, Ulrike: Zwischen Häuslichkeit und Öffentlichkeit. Die ersten deutschen Frauenzeitschriften im späten 18. Jahrhundert und ihr Publikum, Tübingen, 1998

Weisbrod, Andrea: Von Macht und Mythos der Pompadour, Königstein im Taunus, 2000

Weizman, Eyal: La vérité en ruines. Manifeste pour une architecture forensique, Paris, 2021

Danksagung

Vor zehn Jahren entstand die Idee, zu Madame de Pompadours 250. Todestag eine Biografie anhand ihrer außergewöhnlichen Porträts zu schreiben. Von dort bis zur Veröffentlichung der ersten Auflage des vorliegenden Buchs war es ein langer, manchmal schwieriger Weg. Glücklicherweise hatte ich damals viele Menschen, die mich auf ihm wunderbar begleitet haben.

Daran, dass aus dem Buch ein Dauerbrenner werden könnte, hat im Jahr 2014 niemand gedacht. Nun liegt zu Madame de Pompadours 300. Geburtstag die zweite, überarbeitete und um ein Vorwort ergänzte Auflage des Buches vor.

Herzlich danken möchte ich meinem Mann Emil Sennewald für seine kontinuierliche, nervenstärkende Unterstützung. Dank auch meinen Freund.innen Dieter Durchdewald, Anja Krauß, Gabriele Himmelmann, Antje Evertz, Ralph Musielski, Dany Beyer, Eva und Detlev König für Inspiration, Networking und die behutsame Lektüre der verschiedenen Fassungen des Manuskripts.

Mein ganz besonderer Dank gilt meiner Verlegerin Britta Jürgs, die nicht nur den Mut hatte, ein ungewöhnliches Projekt aus der Taufe zu heben, sondern auch ihre ganze Energie für die Ermöglichung der zweiten Auflage des Buches eingesetzt hat.

Paris, im Juli 2021

Zur Autorin

Foto: © Marley Rose Sennewald

Andrea Weisbrod wurde 1966 in Koblenz geboren. Nach dem Abitur studierte sie Geschichte und Kunstgeschichte in Gießen und Hamburg. Mit einer Doktorarbeit zu Madame de Pompadour und der politischen Rolle offizieller Mätressen im 18. Jahrhundert schloss sie ihr Studium an der historischen Fakultät der Universität Hamburg ab. Ihre Promotion erschien im Jahr 2000 unter dem Titel *Von Macht und Mythos der Pompadour* im Ulrike Helmer Verlag.

Im gleichen Jahr zog Andrea Weisbrod mit ihrer Familie nach Frankreich, wo sie seitdem freiberuflich als Autorin und Journalistin sowie als Lehrerin für Deutsch und Geschichte tätig ist.

Sie verfasste Artikel aus dem Bereich Kultur und Geschichte, u.a. für die Süddeutsche, Spiegel online und ART, Katalogbeiträge, u.a. über Madame de Pompadour, Künstlerinnen der Frühen Neuzeit und die Wechselwirkungen zwischen der Kunst des 18. Jahrhundert und der Kunst der Gegenwart. Ihre Romane *Tote Väter* und *Kernfrage* beschäftigen sich mit den Auswirkungen des 2. Weltkriegs auf eine deutsche Historikerin, deren Geschichte von der 1980er-Jahren bis in die Gegenwart erzählt wird. Ihre illustrierten Kinderbücher zu historischen Persönlichkeiten wie Königin Luise, Friedrich II. oder Madame de Pompadour bereiten Biografien für ein junges Lesepublikum auf.

Andrea Weisbrod lebt mit ihrem Mann und zwei Töchtern in Paris.

Kunstsammlerinnen im AvivA Verlag

Britta Jürgs (Hg.)
Sammeln nur um zu besitzen?
Kunstsammlerinnen von Isabella d'Este bis Peggy Guggenheim
320 S., Hardcover, m. Abb.
ISBN 978-3-932338-10-6

Ein Streifzug durch weibliche Sammelleidenschaften quer durch die Jahrhunderte. Ob aus Passion, Prestige oder aus Lust am Besitzen: Kunstsammlerinnen haben die Kunstgeschichte maßgeblich geprägt. Schon seit der Renaissance kaufen und sammeln Frauen Kunst, fördern und beauftragen Künstler*innen.
Porträtiert werden neben Madame de Pompdour unter anderem Christina von Maria von Medici, Katharina II. von Russland, Gertrude Stein und Peggy Guggenheim.

»Das Buch füllt eine Lücke.«
(Bonner General-Anzeiger)

»Ein Lese- und Lernvergnügen.«
(art)

»Lektüre nicht nur für Laien in Sachen Frauen und Kunst.«
(Rose-Maria Gropp, Frankfurter Allgemeine Sonntagszeitung)

Mehr über Künstlerinnen
und weitere interessante Frauen
unter www.aviva-verlag.de

ISBN: 978-3-932338-99-1

Umschlagabbildung:
François Boucher: Bildnis der Marquise de Pompadour (1756)

Druck und Bindung: Printfinder SIA, Riga
Layout: Britta Jürgs
Printed in Europe

Erweiterte Neuauflage
© 2021 AvivA Verlag
AvivA Britta Jürgs GmbH
Emdener Str. 33, 10551 Berlin
fon (0 30) 39 73 13 72
e-mail: info@aviva-verlag.de
www.aviva-verlag.de